Ángeles Pérez-Aguirre

DICCIONARIO
DE LOS
SUEÑOS

SELECTOR
actualidad editorial

SELECTOR
actualidad editorial
Doctor Erazo 120 Colonia Doctores 06720 México, D.F.
Tel. 55 88 72 72 Fax. 57 61 57 16

DICCIONARIO DE LOS SUEÑOS
Autora: Ángeles Pérez-Aguirre
Colección: Esoterismo

Diseño de portada: Carlos Varela

D.R. © Selector, S.A. de C.V. 2006
Doctor Erazo, 120, Col. Doctores
C.P. 06720, México, D.F.

ISBN-13: 978-970-643-916-1
ISBN-10: 970-643-916-1

Sexta reimpresión. Noviembre de 2008.

Sistema de clasificación Melvil Dewey

154
P55
2006   Pérez-Aguirre, Ángeles.
        Diccionario de los sueños. / Ángeles Pérez-Aguirre.—
        México, D.F.: Selector, S. A. de C.V., 2006.
        200 p.

        ISBN: 970-643-916-1

        1.Interpretación de los sueños. 2. Psicología.
        3. Esoterismo.

Contenido

El sueño nos sitúa en lejanos estados
de la civilización humana y nos da,
de este modo,
un medio de comprenderlos mejor.

F. Nietzche

Prólogo

Nadie sabe a ciencia cierta por qué soñamos.

En relación con el tema de los sueños, no se puede ni se debe generalizar, pues ningún sueño tiene exactamente el mismo significado para todas las personas.

En este *Diccionario de los Sueños* se habla acerca de la interpretación y el significado de los sueños. Es preciso señalar que el significado que aquí aparece es meramente simbólico, ya que todas las representaciones y los diversos componentes que aparecen en los sueños de cada individuo necesitan un análisis y estudio previo del entorno, para poder interpretarlos y así llegar a un significado correcto.

El objetivo del *Diccionario de los Sueños* es proporcionar el significado más cercano a su sueño, puesto que en muchas ocasiones los sueños son la expresión de los propios instintos o de las fuerzas básicas con las que cuenta el soñante: su estado de ánimo, su vida instintiva y muchas veces también su mentalidad.

Es importante resaltar que hablar sobre los sueños, su interpretación, contenido y significado, es un tema que merece tomarse con seriedad.

Por algo, el psicoanalista austriaco Sigmund Freud dedicó gran parte de su estudio a la interpretación de los sueños. Sus dos tomos sobre la interpretación de los sueños son una clara evidencia de que Freud se consagró a explorar los secretos más oscuros y precisos del consciente y del inconsciente del individuo; era, literalmente, un arqueólogo de la mente humana.

Freud basó su tesis en la idea de que los sueños son un modelo de las formaciones del inconsciente y, por ende, el sueño resultaba ser una realización de deseos.

Por otra parte, el sueño también puede mostrar manifestaciones afectivas de gran intensidad, pues es un acto psíquico completo y, por tanto, su fuerza impulsora siempre constituye un deseo por realizar.

Parafraseando a Carl G. Jung (psiquiatra suizo discípulo de Freud, quien disentía de su maestro en más de un sentido en cuanto a su actitud hacia los sueños) se podría decir que algunos sueños pueden reprimir ciertos anhelos, debido a que interpretan certidumbres inevitables, ensueños, deseos, caprichos licenciosos y hasta juicios de tipo filosófico.

Para Jung, un sueño o una visión determinada proporcionan los puntos fundamentales para hallar la interpretación exacta.

Casi todos los sueños suelen simbolizar, denotar o indicar las formaciones del inconsciente.

Por otra parte, en muchas ocasiones, el sueño se manifiesta de forma incoherente, enlaza sin querer grandes contradicciones o afirma cosas que en la realidad resultarían imposibles.

Abandonar

Cuando experimentamos este sentimiento en sueños significa una gran indecisión en relación con el futuro cercano; incluso entre los chinos prevalecía esta denotación. Algunas otras fuentes hacen referencia a que el abandono es sinónimo de buen augurio y buenaventura, mientras que los árabes lo interpretaban como una larga y fructífera vida. Para los británicos, tener esta sensación en sueños significa que quien se ve abandonado teme la pérdida de algún ser querido, por lo que se recomienda estrechar los lazos con la persona de quien se esté momentáneamente alejado.

Asimismo, en algunos pueblos europeos del siglo xvi, soñar algo relacionado con el abandono de alguien era presagio de enfermedad.

Se dice que cuando alguien sueña que es abofeteado es porque seguramente le llegarán malas noticias; por el contrario, si el soñante posee amigos que se encuentren en algún lugar lejano, el sueño significa que en cualquier momento recibirá noticias de ellos.

Abogados

Inicialmente, soñar con personas de esta profesión era sinónimo de posibles problemas que se veían venir de manera inminente y, por tanto, de que existirían preocupaciones. Si en el sueño la persona se ve solicitando ayuda para resolver algún conflicto, puede indicar algún tipo de prevención para estar alerta ante rumores o envidias en el entorno del soñante. En algunos estudios realizados en el Reino Unido, soñar con abogados es presagio de probables encuentros románticos fugaces.

Abono

Soñar con abonos para jardines o plantas es símbolo de que el soñante desea arreglar algún asunto que tiene pendiente y que lo ha dejado olvidado por algún tiempo, por lo que deberá resolverlo lo más pronto posible.

Aborto

En general, soñar con ver o participar en un aborto es un mal presagio, signo de que el soñante se verá abatido por probables penas y pesares. Algunos estudiosos del siglo xx afirman que soñar con un aborto significa que el soñante terminará con una relación amorosa. En algunos textos anglosajones se habla de que quien sueñe con esto padece alguna disfunción de tipo sexual que amerita una visita médica.

Abuelos

Soñar con abuelos significa que el soñante tendrá presagios de buena suerte para la realización de metas o deseos. Si es propietario de alguna empresa o negocio, es anuncio de éxito.

Para otros estudiosos, ver a la abuela o al abuelo en sueños señala que se presentaran pequeños problemas por resolver. Asimismo, algunos autores españoles afirman que soñar con los abuelos denota que el soñante tiene pendiente realizar algún sacramento, mismo que deberá realizar a la mayor brevedad posible.

Abundancia

Si en sueños el soñante se ve a sí mismo buscándola, es sinónimo de que se aproximan buenas oportunidades en lo laboral y también en lo económico o financiero. Si usted ya goza de abundancia económica, probablemente se avecina un futuro incierto, con algunas dificultades.

Accidente

Los estudiosos de los sueños afirman que soñar con un accidente indica que quizá algo malo le ocurra. Existe el presagio de que cuando se sueña con accidentes relacionados con un viaje, es preferible no hacerlo enseguida, pues podría ocurrir alguna desgracia.

También puede significar que el soñante se enfermará, o bien, que alguna persona cercana fallecerá.

Actuación

Son muchas las acepciones relativas a este sueño; en algunos libros europeos se dice que soñar con este arte es sinónimo de que se enfrentarán situaciones delicadas provocadas por la envidia, los celos o el odio de alguien, ya sea en el trabajo o en el ámbito familiar. También puede ser un presagio de peligro o problemas con la justicia, en el cual el soñante se ve engañado y humillado. Por otra parte, si el soñante ve en sueños a alguna actriz o actor, es augurio de suerte en lo laboral.

Acusación

Tener un sueño donde se ve acusando a una persona es sinónimo de que muy probablemente se recibirán malas noticias, o bien de que el soñante se dará cuenta de que alguien cercano lo estaba estafando.

Si en el sueño usted se ve probando su inocencia o la de otros, es signo de que se superarán algunas dificultades que se habían estado teniendo. Algunos psicoterapeutas contemporáneos afirman que si el soñante se observa en múltiples ocasiones soñando con acusaciones, es signo de que debe tomar algún tipo de terapia que le ayude a combatir ciertos temores.

Adivinar

Según los astrólogos de la antigüedad, verse en sueños practicando algún recurso adivinatorio, como el tarot, indica que el soñante es un ser que posee sólidos conocimientos relativos a esta materia. Asimismo, el soñante que se perciba en esta faceta se sentirá desconsolado en muchas ocasiones, pues vislumbrará hechos graves que lo mantendrán a la expectativa.

Admirar

Es bien sabido que los sueños recurrentes donde se experimenta admiración por alguien, implican que la envidia y los celos se encuentran alrededor del soñante. Por otra parte, según sugieren algunos estudiosos del tema onírico, el soñante debe alejarse de ciertas amistades que fingen honestidad, cuando en realidad son personas de absoluta desconfianza y hay que alejarse de ellas.

Adopción

El tema de la adopción siempre resulta quisquilloso para los estudiosos de los sueños, pues no es nada cercano a la realidad y más bien tiene que ver con cosas negativas que le pasarán en algún momento al soñante. Por ejemplo, soñar que se adopta a un niño, significa que gente allegada a usted le solicitará algún tipo de ayuda. Soñar con ser adoptado es señal de que sus recursos financieros se verán en serios problemas. En general, la adopción simboliza también que el soñante debe proporcionar amor y bienestar a sus semejantes.

Adular

Los estudiosos de lo onírico aseguran que soñar que uno es adulado por alguna persona es señal de que tratan de seducirlo en el trabajo, en la escuela o en donde desarrolle sus diversas actividades; puede incluir hasta un club o gimnasio. Ahora bien, significa que esta seducción no es honesta ni se trata de algo bueno; significa que quien trata de seducir es una persona falsa, desleal e hipócrita, y que sus intenciones no son lo que aparentan, sino que tratarán de utilizar al soñante. Quizá el seductor (a) sea una persona que tiene un compromiso previo al de usted; es muy probable que la persona se encuentre casada y en algunos casos hasta tenga hijos. Si, por el contrario, usted se visualiza en sueños adulando a alguien, es indicativo de que carece de personalidad y que es una persona sumisa y abnegada.

Adulterio

Éste ha sido un tema muy debatido por muchos estudiosos desde la antigüedad; en general, no es un sueño que implique beneficios; más bien significa que, si usted se visualiza en sueños cometiendo adulterio, es porque le llegarán diversos pesares, problemas y preocupaciones de distintas especies. Por otro lado, si en el sueño la víctima de adulterio es usted, es signo de que sostiene relaciones nocivas con alguien que se encuentra a su alrededor; significa también que tendrá problemas económicos y/o pérdida de dinero.

Adversario (ver rival).

Aeropuerto

Los sueños con aeropuertos son un tanto confusos, incluso para los estudiosos de los sueños. Pero, en general, se dice que cuando usted sueña con este concepto es porque desea cosas diferentes de las que tiene en el momento del sueño; pueden ser desde metas predeterminadas, proyectos por seguir o hasta consolidación de objetivos, que no son necesariamente lo que el soñante en realidad desea. En este caso se sugiere profundizar en lo que se anhela y perseguirlo, o no seguir adelante con ilusiones o anhelos que no están bien identificados.

Afeitar

En algunos textos anglosajones se afirma que, si en sueños una persona se visualiza afeitándose cualquier parte del cuerpo, significa que en breve será traicionado y humillado por amistades muy cercanas con las cuales convive mucho. Esta acción también significa que tendrá momentos difíciles en lo que a relaciones afectivas se refiere. Asimismo, otros libros de temas oníricos suponen que los sueños de esta naturaleza se relacionan con las finanzas y los negocios.

Afilador, afilar

Cuando sueña que está afilando alguna herramienta de tipo doméstico es porque vendrán nuevos proyectos para usted en lo relativo a su trabajo o negocio. Si se trata de cuchillos, tijeras o algún tipo de armas, significa que en corto tiempo usted pasará algún tiempo de peleas y molestias en el ámbito familiar o con personas muy allegadas.

Si en sueños se vislumbra afilando un lápiz es porque usted maneja ciertas angustias en lo concerniente a alguna tarea que esté por realizar: proyecto, plan de presentación, manejo de documentos, etcétera, pero es señal de que lo hará muy bien o de que saldrá airoso en lo que vaya a realizar.

Agenda

Los sueños donde aparece este tipo de elemento, que es tan importante para muchas personas en la vida diaria, significan que llegarán a usted eventos benéficos para su vida. Tendrá suerte y buenaventura. Si sueña con perderla o romperla es porque algo desagradable le ocurrirá, que puede ser desde la muerte de un ser querido hasta que sus esperanzas en la vida se rompan por algún acontecimiento determinado.

Agresión

Para algunos psiquiatras contemporáneos significa que el soñante tendrá momentos hostiles a su alrededor con posibles discusiones y algunos problemas, que se resolverán en corto tiempo y sin contrariedades. Asimismo, si en sueños usted ve que lo agreden físicamente, esto es indicativo de que las dificultades o controversias que giren en torno de su vida se solucionan de buena manera.

Agua

Es de todos sabido que el agua significa vida, salud y bienestar; para los estudiosos de lo onírico significa abundancia y cosas favorecedoras en su vida. Algunos textos contemporáneos, que tocan este tema en relación con los sueños, señalan que es un buen augurio pues habla de transformación de procesos. Si en sueños ve agua clara y limpia, denota éxito, logros y que sus metas se realizarán sin problemas; tendrá ganancias financieras, felicidad en su casa y su salud será buena. Si ve el agua turbia, fea o maloliente es porque se avecinan disgustos, destrucciones, peleas o engaños. Si el agua se ve sucia o turbulenta es porque tendrá una posible enfermedad, algunos retrasos con papeles, pleitos en su trabajo o negocio, separación de sociedad o pareja. Si sueña agua de riego, o si se encuentra regando plantas o tierra de cultivo, es porque tendrá abundancias y buenaventura, probable embarazo o herencia. El agua de inundación significa que algo triste llegará a su vida, como pérdida de dinero, enfermedad o fallecimiento. Si en sueños vislumbra que el agua se chorrea por las paredes, es porque usted o alguien de su familia sufrirán algún tipo de pesar. Cuando sueña cayéndose en una alberca o en algo que contenga una gran cantidad de agua, o si en el sueño esta agua se ve sucia, significa que tendrá problemas financieros, en su trabajo o de salud.

Águila

Este hermoso animal durante siglos ha significado algo magistral y de gran realeza; recordemos que ha sido utilizado como símbolo, en muchos países y por mucha gente, de algo soberbio; por ello, soñar con una águila que vuela es sinónimo de que sus proyectos se realizarán con éxito; significa que saldrá adelante en todo lo que se realice. Si el águila vuela rápido, es que sus objetivos se cristalizarán pronto; si, por el contrario, el águila no vuela con mucha rapidez, es porque sus asuntos tendrán algunos retrasos. Si vislumbra en sueños un águila inmóvil parada sobre algún lugar en alto es porque sus proyectos se estancarán durante un corto periodo. Si lo ataca, deberá tomar precauciones porque es símbolo de que tendrá algunos problemas. Ver a un águila herida o desplumada significa que pasará por alguna enfermedad o contrariedad. Adquirirla o verla en su casa significa que tendrá ganancias, grandes logros u honores.

Aguja

Ver agujas es señal de que tiene relaciones difíciles con personas que se encuentran a su alrededor, ya sea en el trabajo, negocio, escuela o donde lleve a cabo sus actividades; se trata también de traiciones, lo cual señala que debe tener cuidado de las personas con las que se está relacionando, pues pueden calumniarlo.

Si se sueña enhebrando una aguja es porque pronto tendrá éxitos en todo lo que realice. Si se sueña cosiendo con una aguja significa que triunfará en todo lo que haga, y si en el momento del sueño está atravesando por problemas, el sueño le señala que saldrá airoso de ellos.

Ahogado

Si usted se sueña en esta situación es señal de que tendrá problemas financieros en su negocio o dificultades en su lugar de trabajo. Si en su sueño ve que alguien se está ahogando es que algo malo pasará, sobre todo si se trata de una persona muy cercana a usted; sin embargo, si en el sueño logran rescatar a la persona que se esta ahogando, las cosas no serán tan graves. Soñar con niños que son rescatados es señal de buenaventura y suerte para el soñante.

Ahorcado

Cuando alguien tiene un sueño de está naturaleza significa que pronto sufrirá una transformación o cambio inminente que embarca muchas cosas. Éste no es un sueño muy favorecedor pues significa que todo lo que el soñante desea o tiene como planes, objetivos o metas no se cumplirán; que todo saldrá exactamente al revés de como lo tenía planeado; señala penas contra alegría, felicidad contra tristeza e intranquilidad contra paz.

Aire

Soñar con aire ha sido considerado por muchos como principio de vida, éxito y prosperidad; muchos autores anglosajones contemporáneos lo interpretan como concepto de buenaventura.

Soñar que respira aire puro significa que se encuentra en un momento agradable y estable en su vida; es tiempo de felicidad y tranquilidad en su hogar.

Si, por el contrario, el aire es frío, húmedo o maloliente es porque habrá enfermedades, pleitos, discusiones y mala suerte en general.

Ajedrez

Ver que usted juega ajedrez en sueños implica que se encuentra rodeado por personas malintencionadas que desean provocarle algún tipo de daño. Pero si usted sabe defenderse, superará cualquier situación que se le presente. Si sueña con hacer jaque mate es porque todo lo que realice a su alrededor saldrá muy bien y sin dificultades, pero si a usted le hacen jaque mate significa que experimentará problemas y tendrá que enfrentarlos.

Si en el sueño usted enseña a una persona a jugar ajedrez, es porque las cosas o actividades que realice no serán benéficas.

Alfombra

Desde tiempos remotos, soñar con una alfombra ha sido una señal de bienestar con la familia, de buena suerte en el trabajo y de tener buenas amistades. Si sueña que vuela en una gran alfombra de cualquier color es porque su vida se encuentra en paz, llena de tranquilidad, de riqueza afectiva y económica. En general, este sueño, aunque no es típico de muchos, denota suerte y buenaventura en todo lo que el soñante realice y que habrá cosas muy agradables en todo lo que esté por acontecer en su vida.

Alimento, Alimentarse (ver comer).

Almacén

Cuando sueña con un gran almacén de cosas diversas como ropa, zapatos o víveres es porque sus recursos económicos se verán favorecidos, sus bienes crecerán en todos los aspectos, y sus negocios estarán llenos de vitalidad, esperanza y mucha suerte.

Asimismo, las cosas en su hogar irán muy bien, tendrá felicidad y tranquilidad; habrá buena comunicación con los suyos y armonía entre sus demás familiares.

Altar

Soñar con un altar significa la búsqueda de la paz interior; este sueño muestra un deseo de no querer convivir con las personas que se encuentran a su alrededor, pero también indica que dentro de poco recibirá apoyo para salir de esa contradicción en la que se encuentra. Para otros estudiosos de los sueños, tener un sueño relativo al altar es señal de matrimonio y de buenas noticias, en todos los sentidos. Se habla de que se realizarán sus deseos y todo lo que haya estado planeando.

Amante

Algunos psiquiatras del siglo xx señalan que tener este sueño se refiere a lo afectivo. Es decir, si el soñante no tiene ninguna relación sentimental en el momento del sueño es porque llegarán situaciones de buenaventura a su vida en general y porque pasará grandes momentos de felicidad y tranquilidad. En caso de que el soñante sí tenga una relación y sueñe con ser engañado, o con que él mismo es quien engaña, es porque pasara momentos de discusiones, pleitos y quizá hasta se trate de una infidelidad, ya sea por parte del soñante o de su pareja.

Amenazas

Soñar con amenazas es una especie de augurio de que el soñante se encuentra ante un peligro que pronto lo asaltará. Tendrá problemas y enojos. Puede ser, incluso, que el soñante conozca a personas que le tengan rencor desde antaño o que gente con la que se relaciona le tenga envidia y coraje, pues su situación es superior. Considerando el presagio, se le sugiere que tenga cuidado con las amenazas que puedan hacerle, pues quien las haga en el sueño lo único que desea es perjudicarlo a cualquier precio.

Amigo

En general, este sueño es señal de buena suerte, prosperidad, salud y tranquilidad. Si sueña con amigos agradables y sinceros significa que le llegarán pronto buenas noticias. Soñar con reencontrar a un amigo indica que se experimentarán alegrías; también existe la posibilidad de que tenga noticias inesperadas, algunas pueden ser buenas y otras no tanto; lo anterior depende mucho del estado de ánimo en el que se encuentre el soñante y de la situación que esté viviendo en el momento del sueño.

Amor

Soñar con el amor es señal de prosperidad, suerte y momentos felices. Por ejemplo, verse en sueños demostrando amor a los padres significa que el soñante atraviesa por momentos agradables en su vida. Cuando se trata de amor entre pareja es porque existe comunión, honestidad y tranquilidad. En algunos textos antiguos, la carencia de amor es sinónimo de intranquilidad o de una posible enfermedad, disgustos o probables pleitos. Pero, en general, soñar con amor es señal de éxito, buenas nuevas y serenidad en la vida del soñante.

Ángeles

Este sueño resulta muy interesante, y más para los pensadores de este siglo, pues ha habido un gran auge relacionado con lugares, objetos y hasta escritos acerca de ellos. Para muchos, los ángeles significan buena suerte, pues cuidan, protegen y guían, y son símbolo de prosperidad. Pero, por otra parte, en los textos antiguos los ángeles representan una advertencia para que la gente mejore su vida y la encamine por buenos rumbos. El ángel denota protección, salud y sanación.

Anillo (de bodas)

Desde hace mucho tiempo, este concepto, llevado al ámbito de los sueños, ha sido un importante signo, ya que llevarlo o verlo simboliza tranquilidad y armonía con la pareja; además, significa que el soñante gozará de gran felicidad y paz en su hogar. Asimismo, ver que le dan un anillo de compromiso o de bodas, y que se lo colocan, anuncia que pronto tendrá noticias de una boda, suya o de alguien cercano. Si sueña que pierde el anillo o que lo tira, lo avienta o se le rompe, es augurio de peleas y dificultades e incluso de separación.

Animal

Soñar con animales tiene distintos significados; psicoterapeutas contemporáneos aseguran que el significado está en función del contexto en el que se encuentre el soñante, ya que señala la vida familiar, íntima y las relaciones con la gente que le rodea. Convendrá consultar en particular algún libro o diccionario de significados de sueños con animales para saber qué significa cada uno. En general, soñar con alimentar a un animal doméstico que tengamos, perro o gato, significa que en su casa reina la armonía y la tranquilidad e incluso que existe una buena racha económica. Si sueña con ser atacado en la calle por un animal doméstico, es signo de que tiene algunas dificultades que le hacen menos llevadero su trabajo; también señala que habrá alguna enfermedad. Si sueña con acariciarlos o hablarles es porque tendrá suerte y buenaventura.

Antigüedades

En general, los estudiosos de lo onírico, sobre todo en países europeos, refieren que, soñar con objetos o muebles que posean cierta antigüedad, refleja gran felicidad y tranquilidad en su vida, lo que abarca desde su vida personal hasta su trabajo, e incluso, en lo económico; es decir, que la persona se encuentra muy estable en todos los aspectos de la vida.

En general, también señala riqueza inesperada: herencia o suerte en los juegos de azar.

Anuncios publicitarios

Dada la importancia que posee actualmente la publicidad, los textos actuales sobre sueños dicen que verlos o pegarlos significa que pronto recibirá malas nuevas, y experimentará dificultades variadas o traiciones. Incluso puede tratarse de intrigas en su contra o celos, ya sea en su negocio, lugar de trabajo o donde pase más tiempo desarrollando actividades. Si sueña con verlos desgarrados o que usted los desgarra, es debido a que quieren imponerle ciertas actividades que usted no está de acuerdo en llevar a cabo.

Año nuevo

Soñar con el año nuevo es un tema que ha sido tratado por muchos escritores y novelistas, pues sugiere una especie de cambio; como implica pasar de un lugar a otro. Es señal de cambios en su vida y alrededor de ésta.

Si sueña con años anteriores al año en el que vive, es porque usted se encuentra pasando por momentos de mucha tristeza y soledad. Si sueña con años futuros, significa que tiene una nueva perspectiva de vida, emociones y objetivos que quiere realizar en corto tiempo.

Araña

Cuando en sueños aparecen arañas es signo de que se encuentra en un momento difícil de su vida y pasa por problemas que debe resolver. Incluso señala que se enfrascará en papeleos que tengan que ver con lo legal. Si sueña que mata a una o varias arañas, es signo de que usted triunfará en todo lo que realice, aunque sorteará algunas dificultades como problemas financieros y económicos, mismos que tendrán remedio más adelante si usted lucha por lograr sus objetivos.

Árboles de Navidad, arbustos

Durante muchos años, y de acuerdo con diversos estudiosos de diferentes épocas, soñar con árboles navideños significa recuerdos felices y reuniones familiares llenas de paz, tranquilidad y armonía; ensueños de encuentros con diversas personas que no se ven frecuentemente. Por otro lado, soñar con plantar un árbol quiere decir que pronto tendrá una nueva relación. Ver árboles muy frondosos significa que gozará de éxito y ganancias. Si el árbol está decaído, a punto de morir o marchito, augura que tendrá tristeza y riñas. Si se sueña subiéndose a un árbol, es señal de que recibirá malas noticias y tendrá desencuentros.

Arena, arena movediza

Desde tiempos antiguos, soñar con arenas movedizas es augurio de que el soñante debe evitar a personas del sexo opuesto extrañas o dudosas. Constituye una amenaza de un peligro que está por sucederle. Soñar con arena de otro tipo también significa desencuentros en su hogar, pesares y diversas situaciones infelices que tendrá que vivir; incluso puede tener problemas en su trabajo o negocio.

Armas

Las armas significan grandes dificultades y problemas diversos: celos, intrigas y personas que le tengan mala fe. También indica probables discusiones que terminarán siendo muy graves o de tipo judicial. Si se sueña utilizando un arma de fuego, significa que sus metas y objetivos se cumplirán con éxito y más si dispara acertadamente. Si, por el contrario, el arma no dispara o usted no acierta en el blanco, sus objetivos se verán truncados y tendrá un futuro incierto. Si muere como consecuencia del disparo de un arma, señala que alguien cercano a usted fallecerá.

Arresto

Este tema ha sido muy discutido entre actuales estudiosos de lo onírico, pues si usted sueña con ser arrestado es que puede correr peligro en corto tiempo. También implica intriga y envidias a su alrededor. Si ve en sueños un arresto, es que se encuentra con sentimiento de culpa hacia alguna persona a quien usted deba alguna disculpa desde hace tiempo, y que ya es hora de que lo haga. Asimismo, el arresto como tal no es un buen augurio sino sinónimo de una mala racha.

Arroz

Desde hace siglos, el arroz señala felicidad y prosperidad. En algunos textos orientales se relaciona con el éxito, la abundancia y el mejoramiento de los ingresos después de cierta racha de mala suerte que se había experimentado. Si ve alguna boda en la que arrojan arroz, es buenaventura y tranquilidad en lo económico y mucha paz en su vida. Significa una vida llena de esperanza y señala también una alegría muy profunda.

Arrugas

Soñar con arrugas es lo opuesto al concepto común, pues se trata de que el soñante tendrá una vida larga, tranquila y con suerte. En la antigüedad, si una mujer joven soñaba con arrugas, era porque se trataba de una persona muy vanidosa y el sueño le indicaba que debía tratar de ser más espiritual. Si un varón soñaba con ello, era augurio de que tenía que tener cuidado en su trabajo o negocio por posibles pérdidas económicas. Pero, actualmente, para algunos estudiosos del tema de los sueños, las arrugas significan que el soñante mejorará su entorno social.

Asesinar

De entrada, este concepto implica mala suerte, pues señala fracasos, tristezas y desventuras. Si usted se ve asesinando a alguien, podría, en corto tiempo, tener problemas serios. Si sueña que amenazan con matarlo, es porque quieren dañarlo y están tramando cómo hacerlo a sus espaldas. Sin embargo, existen textos anglosajones que tocan este tema y dicen que ver en sueños a otras personas cometiendo un crimen, augura una larga y próspera vida.

Ataúd

Los sueños con ataúdes tienen varios significados, todos ellos desagradables. Si ve un ataúd vacío es porque vivirá un periodo de pesares y preocupaciones. De acuerdo con muchos psicoterapeutas actuales, mucha gente sueña con verse a sí mismo en su propio ataúd y ello señala un abandono próximo. Ver un ataúd que está siendo sepultado denota penas para el soñante, contrariedades y enfermedades. Ver a un conocido en un ataúd significa muchos problemas o penas profundas.

Atentado

En estos tiempos en que los atentados han cobrado gran importancia, dos textos anglosajones señalan que su destino será modificado de manera relevante por algún motivo, y que esta modificación no será benéfica pues pasará dificultades, problemas, discusiones, penas, conflictos y grandes preocupaciones.

También significa dificultades financieras en corto y mediano plazo, y es una señal de que debe cuidarse las espaldas contra personas que se encuentran alrededor de usted, en su lugar de trabajo o negocio.

Autobús

Soñar con un autobús es augurio de cambio y de que su situación actual mejorará. Si usted se sueña conduciendo un autobús, su vida cambiará dentro de poco y será porque usted mismo provocará dicho cambio. Si el autobús en el que viaja se descompone, o usted sueña que va en la carretera y ve un autobús con problemas o en un accidente, significa que usted sufrirá varios problemas difíciles de solucionar, y también puede tratarse de alguna enfermedad, tanto de usted como de alguien cercano.

Automóvil

Cuando en su sueño aparecen automóviles, es señal de que pronto llegarán a usted buenas nuevas. Si ve que el auto se desplaza a gran velocidad, augura que las noticias que recibirá serán favorecedoras y benéficas. Si sueña con un vehículo que no arranca o que está descompuesto, es debido a que sus metas o planes de vida están inconclusos, y es una señal para que los modifique porque no son los mejores. Si se ve a usted mismo conduciendo, significa que su situación actual cambiará de manera positiva y llegará a usted mucha suerte. Bajarse del auto significa que sus objetivos se encuentran retrasados y con algunos problemas. Si en su sueño ve a una persona conocida conduciendo un auto, es porque atraviesa por problemas difíciles de resolver.

Avalancha

Los sueños de este tipo significan que el soñante atraviesa por un periodo de vorágine total y que debe dar tiempo a cada objetivo y plan, en los que, por cierto, le irá muy bien. Algunas veces, estos sueños señalan cambio de planes que permitirán al soñante salir airoso y con éxito. Si en sueños usted ve una avalancha de nieve, significa que tendrá suerte, buenaventura y mucho éxito en todo lo que emprenda.

Aves

Los expertos del tema onírico señalan que soñar con aves significa deseos de libertad y de cambio, muchas veces en relación con el amor. Se habla también de aspiraciones, de metas y objetivos a seguir. Si usted sueña con un ave de grandes alas y muchos colores, es porque su futuro es prometedor y lleno de éxito. Ver un ave enjaulada significa que el soñante se encuentra ante una posible petición de matrimonio. Según algunos textos europeos, si el soñante ve un ave muerta o enferma, se augura que pasará momentos de profundas tristeza y frustración.

Avión

Ver un avión en vuelo es señal de éxito en su trabajo o negocio, y de metas y proyectos que culminan tal como los programó. Si ve un avión a punto de aterrizar o parado, significa que usted recibirá noticias poco alentadoras o el posible retraso de objetivos y planes, quizá baches económicos. Un avión despegando augura momentos felices y sin problemas. Pilotear un avión es señal de que usted es el arquitecto de su propio destino y de que todo lo que realice, para bien o para mal, dependerá únicamente de usted. Ver un avión caer, en llamas o en accidente, señala mala suerte, tristezas y pesares.

Azúcar

Soñar con azúcar es señal de muy buena suerte y de buenaventura en su vida, ya sea que se sueñe comiéndola, disuelta en algún líquido o viéndola simplemente en algún frasco. Augura reuniones felices con amigos o familiares, buenas noticias o amistades que se acercan a usted ofreciéndole su ayuda. Usted recibirá muy buenos tratos por parte de gente que se encuentra alrededor suyo. Posiblemente le lleguen ofertas de trabajo, tan agradables que no podrá rechazarlas.

Babero

Cuando en sueños usted ve un bebé, o cualquier otra persona con un babero, es porque deberá hacer quehaceres que no son totalmente de su agrado. Tendrá algunos problemas que deberá sortear, y le pedirán que los solucione lo más rápido posible; si no lo hace, sus dificultades se agravarán y costará mucho más trabajo resolverlas. Se encontrará muy contrariado.

Bacalao

Para algunos estudiosos de lo onírico, soñar que se come bacalao es sinónimo de que habrá una posible enfermedad, ya sea de quien sueña o de alguien cercano. También señala que tendrá problemas de dinero, probables rencillas con la gente que le rodea, e incluso que podrá tener problemas de salud. Por eso, este concepto indica que debe cuidarse de la gente con la que convive en lo relativo a celos o intrigas. También es una alerta acerca de que le puedan contagiar alguna enfermedad.

Bahía

Para algunos terapeutas contemporáneos, tener a menudo sueños en los que la persona se vislumbra viendo una bahía, o llegando a ella, es síntoma inequívoco de que el soñante se encuentra en algún estado de depresión, muy seguramente debido a la muerte reciente de algún familiar o amigo; sin embargo, contrariamente a lo que se puede pensar, es buena señal, pues de manera inminente usted pronto tendrá paz, buenas noticias y buenaventura en su vida.

Bailarina

Desde la antigüedad, las bailarinas tenían gran importancia debido a lo que su figura y estilo representaban. Quizá es por ello que si la soñante es bailarina y se sueña viéndose a sí misma en plena actuación, tendrá inminentes desgracias que podrá arreglar si se dedica a resolverlas. Si el que se ve soñando es un bailarín, las cosas que él realice a corto plazo no serán bienaventuradas.

Baile

En épocas antiguas, durante mucho tiempo se creyó que soñarse bailando en algún lugar era señal de tranquilidad y felicidad. Por otra parte, algunos autores contemporáneos señalan que tener sueños con bailes en los que se ve a sí mismo participando, augura que alguien está hablando mal de usted, poniendo su reputación por los suelos, y, por ende, lo están traicionando, por lo que debe cuidarse de las personas que se encuentran a su alrededor.

Para diversos estudiosos de los sueños, soñar con alguna danza significa que recibirá buenas noticias y que se avecina en su porvenir algo realmente agradable y favorable.

Ballet

Diversos libros de los sueños señalan que soñar que asiste a una función de ballet implica que el soñante sufrió una frustración de tipo profesional y, por lo tanto, experimentará un periodo de enojo y contrariedad; incluso denota que sufrirá mala salud. También puede augurar que el soñante sufre de algún tipo de infidelidad, ya sea por parte de su pareja o de alguna amistad. En otra instancia, los estudiosos de lo onírico aseguran que, si el soñante se ve bailando, es indicativo de que recibirá pronto muy buenas noticias.

Bancarrota

Si usted tiene muchos problemas y se sueña en bancarrota, muy gastado y con muchos problemas, éstos se resolverán de manera muy positiva, pronto y de manera imprevista. Muchos autores consideran este sueño como de buena fortuna. Asimismo, si usted se encuentra muy triste o angustiado por cualquier causa o situación, es debido a que en corto tiempo encontrará la tranquilidad y armonía que tanto anhela.

Banco

Algunos psicoterapeutas actuales, que han estudiado diversos casos de sueños, indican que cuando alguien se sueña dentro de un banco haciendo pagos, cambiando cheques o dinero, significa que está pidiendo, de manera inconsciente, ayuda de algún tipo. Esto quizá se debe a que el soñante se sienta falto de amor y cariño, y necesita que sus seres queridos se acerquen más a él con sentimientos afectuosos.

Banquete
Soñar con un gran banquete es señal de felicidad, buena economía y tranquilidad familiar; si el lugar es muy elegante, significa que tendrá muy buena fortuna. Asimismo, es síntoma de que el soñante posee tranquilidad laboral. Si en sueños usted se ve en un banquete vacío, esto augura que algo estará mal en su vida, pues experimentará pérdidas, malentendidos y probables desilusiones.

Balneario
Dos textos españoles de reciente publicación afirman que verse en sueños en algún balneario rodeado de gente, festejando algo o simplemente divirtiéndose, responde a que pronto tendrá discusiones y diferencias con la gente que lo rodea, ya sea en su ambiente de trabajo o en su hogar. Además, se le avecinan tiempos difíciles. Sin embargo, otros estudiosos de lo onírico señalan que soñar con balnearios denota una gran soledad por parte del soñante.

Bambú
Desde tiempos remotos, en varios textos donde se toca el tema del bambú, se dice que soñar que uno está elaborando objetos con bambú es señal de que recibirá un bono o gratificación en su trabajo, o dinero extra en su negocio, lo que además le traerá prosperidad en su hogar y con su familia. Además, este sueño es un buen augurio, pues el soñante gozará de un largo periodo de buenaventura y éxito en todo lo que realice.

Bañarse

En general, este sueño tiene presagios positivos como que el soñante tendrá muchos logros, éxito en lo económico, tranquilidad y paz; es señal de buenos augurios y suerte, tendrá muchas alegrías y verá realizados muchos deseos que venía persiguiendo. Para muchos estudiosos de otras épocas, significa pureza o el deseo de purificación. Verse tomando un baño con agua caliente significa que los planes que venía gestando culminarán de buena forma. Si sueña con un baño con agua fría es que debe actuar con cautela. Si, por el contrario, el sueño es un baño con agua sucia o turbia, indica preocupaciones y molestias en el soñante; incluso puede señalar deficiencias en su salud.

Bautizo

Si usted se ve en alguna ceremonia de este tipo, de la religión que practique, es una señal de felicidad y de abundancia en su vida.

Para dos autores españoles, el bautismo es una prevención que le indica que debe desenvolverse de una manera segura y honesta, ya que puede recibir la invitación para alguna tentación. Por este motivo, debe tener cuidado en cómo se comporta ante los demás.

Bebés

El tema de los bebés en relación con los sueños es un buen presagio de suerte y de que un feliz acontecimiento llegará inminentemente a la vida del soñante. Incluso puede ser un nacimiento, un noviazgo que inicia en muy buenos términos, un compromiso o el anuncio de una boda; este tema en general denota tranquilidad y paz en su vida. En algunos escritos antiguos se decía que, si una mujer soñaba con un bebé, significaba que pronto quedaría embarazada. En algunos países europeos, el tema de bebés alude a que hay que tener cuidado con las amistades; se habla específicamente de posibles desilusiones o engaños.

Beber

Para muchos estudiosos, beber en sueños cualquier cosa —desde agua hasta alcohol— es señal inequívoca de satisfacción en la vida del soñante. Más específicamente, soñar que se está bebiendo agua natural significa que en su trabajo o negocio gozará de buena fortuna y salud. Beber agua de manantial en sueños asegura suerte inesperada que se verá reflejada en sus finanzas. El agua salada augura posibles decepciones amorosas. Verse bebiendo vino augura abundancia en la vida.

Bendecir

Si en sueños usted ve que es bendecido, es señal de que pronto recibirá algún tipo de apoyo afectivo por parte de personas cercanas a usted, lo que le redituará en buena suerte en su economía, trabajo o negocio. Este tema ha sido debatido por algunos estudiosos de la interpretación de los sueños, pues también se dice que bendecir a una persona habla de tristeza y problemas para el soñante.

Besos

Soñar con besos posee diversos significados; por ejemplo, recibirlos es señal de que usted probablemente sufrirá envidia, celos y deshonestidad por parte de quien se encuentra a su alrededor.

Si, por el contrario, en sueños usted es quien da los besos, significa que necesita tranquilidad, paz y amor. Actualmente, algunos autores aseguran que soñar que se besa a alguien cuya presencia no es placentera, significa que sufrirá alguna enfermedad.

Biblia

En algunos textos españoles se asegura que, si el soñante se encuentra leyendo la Biblia, es porque está pasando por momentos de angustias y sufrimientos. También puede señalar que el soñante necesita un tiempo para estar consigo mismo, lo cual puede aludir a un retiro espiritual, en alguna cabaña alejada o simplemente aislado de la gente, pues necesita reflexionar y analizar algunos aspectos de su vida para tener paz y tranquilidad.

Biblioteca

Dos terapeutas actuales comentan que, de acuerdo con varios estudios realizados con personas que manejan este concepto como sueño, la persona que sueña con una biblioteca se encuentra en la búsqueda del conocimiento y del saber. Es también una señal de advertencia inconsciente de que el soñante pide ser entendido y aconsejado, pues muy probablemente se encuentra desorientado; puede tratarse de un joven o una chica que, por su edad, no sepa cómo elegir, por ejemplo, una carrera universitaria.

Bicicleta

Soñar que se anda en una bicicleta, según los eruditos en el tema, significa que el soñante debe realizar asuntos o metas que tiene pendientes. Este sueño es una señal de que tendrá que resolver las cosas él mismo y sin la ayuda de nadie. Si sueña con caerse de la bicicleta, significa que pasará por dificultades económicas y problemas relacionados con sus objetivos, por lo que deberá cristalizarlos lo más pronto posible. Este tipo de sueños reflejan indecisión de algún tipo.

Bigotes

Cuando sueña con bigotes grandes y gruesos es porque, de improviso, usted acumulará más bienes de los que tiene y probablemente recibirá algún tipo de herencia o tendrá suerte en los juegos de azar; además, tendrá éxito en todo lo que le rodea. Si en sueños ve bigotes finos y no muy abundantes, será debido a que sufrirá algún tipo de inconveniente y tristeza. Si sueña con ver a alguien o a usted mismo que se afeita el bigote o la barba, es un mal augurio pues en un corto periodo tendrá intranquilidad a su alrededor.

Billetes

Un libro estadounidense sobre el dinero dice que soñar con contar billetes es señal de que la situación que se vive actualmente no tiene éxito pero sí contrariedades. Si en sueños solamente ve billetes, significa que tiene preocupaciones y problemas por dinero; posiblemente también se trate de que inminentemente sufrirá algún problema de salud. Asimismo, si ve un billete de lotería en sus sueños, significa que debe cuidar su dinero y no gastarlo indebidamente.

Blusa

Este sueño tiene diversos significados; por ejemplo, si se trata de una blusa de uniforme o de ropa de trabajo, habla de que usted es una persona que se esfuerza mucho por sobresalir en su empleo o actividad, lo que se ve recompensado económicamente. Si en sueños ve una blusa manchada o rota, es porque usted se está comportando de manera deshonesta en el lugar en el que lleva a cabo sus actividades y que, de alguna manera, su subconsciente le está avisando que debe mejorar su comportamiento.

Boca

Si sueña con una boca grande y bonita, es porque usted posee dinero, buenas finanzas y estabilidad económica. Si no lo tiene, pronto recibirá buenas nuevas relacionadas con ganancias y recompensas de dinero. Si ve una boca pequeña, señala necesidad y escasez monetaria. Si vislumbra en sueños una boca fea, sufrirá en corto tiempo alguna decepción o traición por parte de alguien cercano. Si ve una boca que no puede hablar, es porque está atravesando por una crisis familiar con pleitos y disputas.

Boda

Este sueño, según los estudiosos de lo onírico, es muy común y es señal de felicidad y tranquilidad; es indicativo de que el soñante se encuentra en plenitud en sus relaciones familiares y personales. Erróneamente, mucha gente lo interpreta como una boda del soñante o de alguien cercano a él, pero en realidad soñar con bodas es síntoma de alegría y regocijo en general. También significa serenidad económica y buenaventura.

Bolsa de valores

Para algunos estudiosos actuales de los sueños, soñar actualmente con la bolsa de valores es señal de malos momentos en general, ya que indica que el soñante tendrá pérdidas, tristezas y angustias económicas. Este sueño es negativo, pues es augurio de enfermedades, malas rachas, desventura, inconformidades, traiciones e incluso se habla de que el soñante puede tener malos manejos financieros que lo llevarían a una probable ruina.

Bolso de mano

Este sueño puede ser muy frecuente entre las mujeres, aunque no es exclusivo de ellas. Si usted sueña que su bolso está lleno, es porque tiene dificultades económicas, mismas que lo llevarán a pasar disgustos y molestias. Si lo ve vacío, significa que tendrá ganancias económicas y sorpresas de tipo financiero. Si lo pierde, es augurio de que tendrá mala suerte y desdicha. Si se lo roban, significa que está pasando por momentos de angustia y de profunda tristeza. Si había perdido su bolso y lo encuentra, es porque tendrá utilidades y frutos que no esperaba.

Bolso de viaje (ver equipaje).

Bomba, bombardeo

Soñar con cualquiera de estos dos conceptos es señal de mala suerte, tristezas y pesares. Alude a riñas, disputas y malos entendidos con la familia o entre las personas que se encuentran a su alrededor. Posiblemente también le aqueje algún problema relacionado con la salud y su bienestar en general. Si usted se ve en sueños en un bombardeo, significa que se encuentra cerrando un ciclo de su vida y de repente llegarán situaciones diferentes a las que actualmente vive.

Bomberos

Cuando en sueños se observan bomberos realizando alguna ayuda o salvando gente en un incendio, es signo de que el soñante se encuentra pasando por momentos difíciles en su vida, como tristeza, melancolía y sufrimientos; sus objetivos de vida se verán truncados y prevalecerán situaciones de desavenencia. Si ve a los bomberos, pero el incendio ya está apagado, es que las circunstancias por las que atraviesa mejoran y cambian de rumbo; le esperan buenas noticias y desarrollará sus proyectos.

Bordar

Cuando en sueños usted se ve bordando alguna prenda, es signo de que inminentemente se presentarán ante usted éxitos en sus metas y logros en los objetivos que venía tratando de alcanzar. Si en sueños ve que lleva puesta ropa bordada, es porque usted es una persona digna de confianza, y no es vanidosa ni deshonesta sino, por el contrario, usted actúa sin presunción alguna y siempre trata de ayudar a sus semejantes.

Bosque

Para muchos novelistas y escritores, este concepto ha sido fuente de inspiración por lo que representa. En general, un bosque lleno de árboles y de tupido follaje indica que a su vida llegarán aspectos sobresalientes que cambiarán radicalmente su acontecer actual. Lo mismo ocurre si sueña que se encuentra viendo un grandioso bosque. Si sueña que se pierde en un bosque, señala que pasará por pesares, retrasos o problemas económicos y con amistades.

Bostezar

La literatura existente relativa a los sueños asume que soñar con bostezos es señal de desventura y de mala suerte,
enfermedad, padecimientos, tristezas y otras circunstancias
en este sentido. En general, se considera que este concepto
tiene un sentido negativo; se habla de desinterés, cansancio
y, para algunos terapeutas actuales, este tema simboliza depresión y ansiedad por parte del soñante.

Botas (ver zapatos).

Bote, bote salvavidas

Ver un bote en sueños y viajar en él es señal de alegría y felicidad en su vida, si se encuentra en aguas cristalinas, dentro
del mar o en un río. Ir en un bote sobre aguas sucias indica riñas, discusiones y peleas que tendrá que afrontar. Si se
trata de un bote salvavidas y usted lo observa, es porque
tendrá algunos problemas y contará con poca suerte en el
momento del sueño, lo que le sugiere estar alerta ante cualquier acontecimiento.

Botellas

Según algunos diccionarios actuales de sueños, ver botellas
llenas de algún líquido —ya sea agua, alcohol, vinagre o
esencias de cualquier tipo— significa que pronto asistirá
a una reunión de amigos donde estará contento y alegre.
También significa que su hogar se encuentra estable y sin
problemas. Si ve una botella vacía, es que repentinamente
se encontrará con algunas dificultades y pasará momentos
de mala suerte. Si se le rompe la botella, usted la rompe o la

ve rota en sueños, es debido a que tiene o tendrá problemas de salud.

Boxeador

Ver en sueños a un boxeador denota preocupación por parte del soñante a causa de lo que acontece a su alrededor; puede tratarse, según terapeutas que han estudiado las teorías de Freud, de que usted se encuentre ante algún peligro inminente. Alguien celoso trata de hacerle daño, porque la labor que usted desempeña es honorable, honesta y se desenvuelve en un ámbito limpio y sin intrigas. Alude a personas que quieren molestarlo por envidia.

Bruja

Debido a su connotación, los sueños con brujas datan de la Edad Media. Pero textos recientes que tocan el tema onírico, destacan que ver a una bruja simboliza que a su alrededor existe hipocresía, celos, intrigas y pensamientos negativos. Puede señalar también alguna enfermedad, pesar o angustia. Si en sueños ve huir a una bruja, incluso como si fuera una caricatura —arriba de una escoba—, se debe a que las dificultades que le aquejan en este momento culminarán rápidamente y de manera conveniente.

Brújula

Las brújulas han significado, a través de los siglos, el sentido de ubicación de una persona que se siente desorientada y sin rumbo fijo. Si en sueños usted se visualiza con una brújula en las manos, es debido a que inconscientemente está solicitando apoyo y consejos que le ayuden a esclarecer ciertos problemas que le preocupan. Si sueña con perderla, se le rompe o la ve rota, es señal de que sufrirá alguna desilusión.

Bueyes

Soñar con estos animales tiene diferentes significados, según dos psicoanalistas españoles: si ve bueyes en su sueño, es porque se le pronostica felicidad, logros y metas concluidas. Cuando los ve pastando, es porque pasa por una racha de buenaventura y suerte en su vida. Si los vislumbra mugiendo, es señal de que tendrá malas nuevas y angustias inminentes. Si en sueños lo ataca este animal, significa que se encuentra inquieto por alguna situación que le aqueja.

Búho

Este animal nocturno ha sido utilizado en historietas, novelas y poemas, pues llama la atención debido a sus grandes ojos y su plumaje. Existen dos textos europeos antiguos que aseguran que soñar con búhos es sinónimo de que el soñante padecerá lamentaciones y sufrimientos muy graves. Los grandes ojos del animal sugieren estar alerta y cuidarse de peligros que pueden estar muy cerca de usted.

Buitres

Estos animales grandes y negros no son precisamente los más bellos; en los libros siempre aparecen como enemigos peligrosos que vigilan desde lo alto las actividades de otros animales. Por ello, las interpretaciones a los sueños relacionados con buitres no son muy halagadoras desde tiempos remotos. Si en sus sueños aparecen buitres, es porque debe tener cuidado con su entorno, con la manera en que se relaciona y con quién. Es una señal de que debe estar alerta de probables enemigos y de celos e intrigas que tengan que ver con usted.

Búsqueda

Cuando en sueños aparece esta sensación, es porque personas cercanas a usted necesitan de su apoyo y de sus consejos. Sugiere que permanezca pendiente de sus seres queridos y se encuentre cerca de ellos por si atraviesan momentos difíciles. Para otros estudiosos, soñar con que se busca algún objeto significa que el soñante sufrirá intrigas y desdicha. También se dice que la búsqueda de algo indica que debe comportarse de manera correcta ante los ojos ajenos.

Cábala

Cuando el soñante se ve practicando algún tipo de cábala, es señal de que posee mucha espiritualidad y de que a futuro, muy posiblemente, se verá desarrollando algún tipo de ejercicio adivinatorio. Por otra parte, esto es sinónimo de que el soñante debe tener mucho cuidado con las prácticas y desarrollos que esté llevando a cabo, ya que este sueño habla de intrigas y deshonestidades.

Caballos

Desde tiempos remotos se sabe que tener sueños relacionados con estos animales es señal de que el soñante tendrá prosperidad. Pero más específicamente, ver a un caballo blanco o montarlo significa un futuro feliz. Por el contrario, ver en sueños a un caballo muerto o enfermo, es símbolo de que alguien de su familia tendrá algún padecimiento. Si sueña con un caballo negro, en cualquier modalidad, significa que habrá cosas negativas en su vida.

Cabaret

Decididamente, los textos que hablan sobre la interpretación onírica hacen referencia a que, si el soñante se vislumbra en estos sitios, es augurio de que en su vida habrá tristezas, enfermedades y severos problemas. Si el soñante se ve bailando en un cabaret, es porque tendrá un rompimiento con su pareja en breve. Por ello, también puede simbolizar que se debe permanecer alerta ante cualquier cuestión relacionada con el área sentimental.

Cabellos

Cuando el soñante percibe en su sueño un cabello lindo, con brillo y sano, es porque tiene buena salud y posee estabilidad económica. Pero, si es a la inversa y el cabello se encuentra en situación desfavorable, es porque el soñante tiene olvidadas sus responsabilidades personales. En la Edad Media, tener un sueño relacionado con el cepillado del cabello denotaba que el soñante necesitaría ayuda de algún tipo por lo que se vería buscándola; pero una discusión reciente con estudiosos de lo onírico dice que significa que el soñante pronto resolverá sus problemas. Verse en alguna estética, peluquería o sala de belleza acicalándose el cabello, significa que tendrá buenos resultados en lo que realice y que gozará de buena fortuna permanente.

Cabeza

Tema muy discutido entre los estudiosos de la interpretación de los sueños, pues el significado depende de la forma y tamaño de la cabeza con que se sueñe; por ejemplo, si la cabeza tiene algún tipo de herida, es porque sufrirá alguna desgracia o situación poco agradable. Si sueña con una cabeza grande, es presagio de que usted gozará de éxito y logros; si sueña con una cabeza muy pequeña, significa que pronto padecerá algún tipo de fracaso.

Cadenas

Cuando en sueños se ven cadenas es porque seguramente el soñante tendrá dificultades y sufrimientos. Desde tiempos antiguos, estos objetos no presagiaban buenos acontecimientos. Incluso, si usted sueña que está encadenado, es porque tendrá que hacerse cargo de compromisos injustos. Varios textos que datan de la Edad Media aseguran que, cuando el soñante vislumbra en sus sueños a otras personas encadenadas, es síntoma de que alguien cercano se comporta deshonestamente con el soñante.

Cadáver (ver muerte).

Café

Si usted se sueña bebiendo café, ya sea solo o acompañado, es porque pronto recibirá noticias agradables; es señal de buena suerte y buenaventura en general. También es indicio de que deberá tomarse un tiempo para la reflexión y la meditación. Si en sueños la imagen que se le presenta es la del derramamiento del café, es una profecía de probables dificultades en su trabajo o negocio.

Caer

Muchos son los símbolos disponibles para descifrar este sueño. Si usted sueña con que se cae al suelo, es porque personas cercanas a usted tratarán de intrigar en su contra para perjudicarlo seriamente. Si sueña que lo empujan y cae, significa que se encuentra ante personas de intenciones negativas. Si se cae y lo ayudan a levantarse, es señal de que alguien lo estará protegiendo. En general, si se le cae algún objeto, augura que le desean algún tipo de daño y que puede sufrir fracasos.

Caja fuerte

Desde siglos pasados existen diversos libros que tratan sobre los sueños con el tema de las cajas fuertes, cuyo significado general es la seguridad, la buena suerte y el éxito. Si en sus sueños ve que alguien trata de abrir una caja fuerte, significa que sus objetivos a corto plazo se verán truncados. Si ve una caja fuerte vacía, es que pronto llegarán a usted malas noticias. Este sueño, aseguran los eruditos en el tema, sirve como advertencia para evitar males.

Calcetines

Este concepto, aunque le parezca gracioso, posee simbolismos interesantes. Si sueña con calcetines limpios y nuevos, significa que su situación actual se encuentra sin problemas y tiene objetivos claros que se cumplirán. Si los ve rotos, es señal de que encontrará algunos inconvenientes en su lugar de trabajo o negocio, y deberá tener cuidado con los celos y las intrigas que surjan a su alrededor.

Callejón

Este concepto ha sido debatido por muchos estudiosos e intérpretes de los sueños, pues depende mucho del contexto del soñante, y del momento por el que atraviesa. En general, si sueña que se encuentra en un callejón o está perdido ahí mismo, significa que de repente atravesará por momentos difíciles que le traerán cierta intranquilidad. Si se encuentra ante un callejón y no ve la salida, es porque usted deberá trabajar mucho para conseguir los objetivos planeados.

Calvicie

Cuando se sueña sin cabello es porque algo le aquejará; este augurio se refiere tanto a lo económico como a problemas familiares, personales o con gente que le rodea; también puede señalar algún tipo de padecimiento. Probablemente recibirá malas nuevas, pasará por angustias, pesares o decepciones de tipo amoroso. Algunos textos dicen que los varones tienen este sueño a menudo, lo que puede significar momentos desventurados.

Cambio de casa

Las teorías actuales que existen sobre este concepto advierten que simboliza dificultades en su relación de pareja. Se habla de incertidumbres y sorpresas; pero cuando vislumbra en sueños que alguien se está cambiando de casa, augura que, si perdió o empeñó algunos artículos con valor —como joyas o muebles antiguos—, tendrá el dinero para recuperarlos.

Camino

Desde hace siglos existe literatura sobre este tema. Cuando usted sueña con caminos es porque se encuentra en un estado emocional estable, lleno de comprensión y tranquilidad. Si en sueños ve un camino estrecho o por el que no puede pasar, será porque de repente le aquejarán algunas dificultades para la cristalización de proyectos y objetivos.

Camión (ver autobús).

Camisa

Si en sueños usted ve una camisa nueva y limpia, es porque se encuentra muy alegre y contento. Si se ve planchándola, es porque su vida se encuentra llena de incertidumbres y de momentos difíciles. Si la ve sucia o rota, es señal de que padece o tendrá problemas económicos. Si se la quita, indica que llegarán a su vida nuevas oportunidades y mejores perspectivas de trabajo, y que su situación mejorará notablemente.

Campamento

Un texto español sobre los sueños afirma que, cuando alguien sueña con algún campamento, es porque su situación actual se reestructurará totalmente en su beneficio. Experimentará momentos de tranquilidad, paz y mucho sosiego.

Si se sueña acampando al aire libre, es porque su vida se verá colmada de éxito y buenaventura, lo que le indica que, si en estos momentos su vida no es del todo feliz, pronto le llegará la suerte.

Campo

Existen diversos significados acerca de este concepto. Si sueña con un campo verde, bonito, soleado y grande, es señal de que tendrá alegrías, felicidad y éxito en su vida. Si tiene confusiones en el momento del sueño, su perspectiva cambiará y se sentirá aliviado. Si sueña con ver un campo y hay lluvia, es porque tendrá momentos de angustia, soledad y tristeza. Si sueña con un campo de cultivo, es porque será invitado a una boda o tendrá noticia de algún nacimiento.

Canasta

Este sueño tiene varios significados. Dos textos anglosajones comentan que, si en sueños ve una canasta llena de flores o de frutas, es porque en su vida existe mucho éxito, salud y felicidad. Es augurio de que tendrá momentos de gran dicha. Si ve una canasta con pan, es porque tendrá preocupaciones y problemas de tipo económico en su trabajo o negocio, por lo que debe estar alerta y cercano a todo lo relacionado con movimientos de dinero.

Cáncer

Este concepto ha sido discutido por diversos estudiosos de lo onírico, pues no necesariamente representa que el soñante o alguien de su familia vaya a padecer este mal. Puede tratarse de que le vayan a hacer alguna operación quirúrgica menor a usted o a alguien cercano, o bien, que se le presenten algunos problemas relacionados con la salud. Lo que sí señala son pleitos y riñas constantes.

Candado

Durante siglos, el candado ha sido asociado con el cinturón de castidad que se le colocaba a las mujeres en la antigüedad. Simboliza la fidelidad sexual. Este sueño también puede aludir a amoríos entre hombres y mujeres o a alguna relación futura. Asimismo, si en sueños ve que alguien cierra un candado de cualquier tipo, es porque en breve se encontrará con barreras para llevar a cabo sus objetivos y proyectos. El soñante padece de incomprensión por los que le rodean. Si en sus sueños lo abre o rompe, es porque se encuentra ante acontecimientos agradables y sin problemas.

Cantar

Este sueño es muy comentado entre los diversos intérpretes de los sueños, pues aseguran que a menudo las personas se ven a sí mismas cantando, lo que señala que pasarán por algunos problemas. Si en el sueño usted escucha una canción que le gusta y lo hace sentir alegre, es porque pronto recibirá buenas nuevas; si, por el contrario, la canción que escucha es triste y melancólica, recibirá noticias negativas.

Cárcel

Este sueño, por extraño que parezca —comentan terapeutas e intérpretes de los sueños actuales—, es muy frecuente entre las personas en general; tanto hombres como mujeres recurren en sus sueños a este concepto y no necesariamente porque sean personas malas o se dediquen a alguna actividad ilícita. Este sueño señala una vida con problemas y disgustos constantes a su alrededor. También, aseguran, invitan a seguir las reglas de la vida y a comportarse de manera honesta.

Caricias

Cuando sueña con recibir caricias, es porque usted anhela que lo comprendan y que lo apoyen. Existe mucha indiferencia en su vida por parte de quienes lo rodean. Si, por el contrario, usted es quien hace en sueños las caricias, es debido a que se trata de una persona clara y sin problemas, que no le gusta hablar con rodeos y que, por lo mismo, ejerce respeto y lo exige. Es una persona muy emotiva, de carácter fuerte y muy ordenada.

Carne

Los sueños con carne suelen ser muy recurrentes; por ejemplo, si sueña con carne cruda, es porque habrá problemas en su vida: tristeza, angustias y muchos pesares. Si la ve cocida, es porque tendrá éxito en lo que emprenda y desarrolle, pues posee objetivos claros. Si la carne huele mal, es señal de que tendrá una mala racha en corto tiempo. Si se sueña comiéndola, es sinónimo de que tendrá desventura y mala salud.

Cartas

Existen dos textos españoles que aseguran que, cuando en sueños se recibe una carta, habrán muy buenas noticias, con esperanza y buenaventura. Si sueña con cartas de amor, es porque su vida sentimental se encuentra estable, feliz, y en ella reina la armonía. Si usted se ve en sueños escribiendo cartas, es señal de desilusión amorosa. Si ve cartas de juego, es porque tendrá pleitos, riñas y discusiones de todo tipo.

Casa

Son varios los conceptos que existen en relación con la casa; soñar con construir su propia casa significa que tendrá buena suerte en corto tiempo y los éxitos estarán con usted. Si ve una casa nueva, fuerte y bonita, es que se encuentra en una etapa tranquila y con buenaventura en su vida; sus finanzas son buenas y su salud también. Si ve una casa grande, alta y espaciosa, es debido a que tendrá éxito en todo lo relacionado con sus finanzas. Ver una casa fea o despintada significa que se le atravesarán algunos problemas en algo que quiere emprender.

Castillo

Desde la antigüedad, soñar con castillos es un buen augurio pues, según estudiosos de lo onírico, significa éxito, fortuna, buena suerte y perspectivas afortunadas en la vida. Si sueña que entra en un castillo, es porque tendrá apoyo y buenaventura en todo lo que realice. Si lo ve y no puede entrar en él, es debido a que pasará decepciones, problemas y algunos fracasos en su vida; de igual manera, si ve un castillo en ruinas, es una advertencia negativa.

Castigo

Cuando sueña que recibe un castigo, es que usted ha tenido un comportamiento extraño y no muy honesto para con los suyos. Sus actitudes no han sido las más cristalinas y debe tomarlo como un augurio para remediar su actuación en la vida. Ver que alguien recibe un castigo significa que pronto recibirá noticias de algún pariente o amigo. Dos estudiosos de lo onírico, en la actualidad, se manifiestan en total aprobación de este concepto, pues los pacientes que han soñado con castigos han señalado que reciben noticias inesperadas de conocidos.

Celos

Desde la época del romanticismo y en todas las épocas en que se ha manifestado este sueño no se auguran cosas buenas ni tranquilidad en la vida. Los celos en sueños señalan que existen problemas en su relación sentimental, como discusiones y riñas continuas. También pueden simbolizar separación, peleas y mala suerte, pues este sentimiento llevado al extremo es negativo; si usted lo experimenta, lo llevará a tener desavenencias.

Cementerio

Siempre que las personas sueñan con un cementerio, tienden a interpretarlo como algo negativo y relacionado con el desastre. En realidad, el sueño señala noticias, probablemente de alguien a quien no ha visto desde hace tiempo. Si ve un cementerio limpio y de día, es que tendrá buena suerte y próxima abundancia en su vida. Si lo ve sucio, debe tener un mejor manejo de su carácter ya que puede tener problemas en su trabajo o negocio. Si se ve en sueños llevando flores al cementerio, pronostica buena suerte y salud en su vida.

Choque

Según algunos estudiosos europeos de lo onírico, ver o estar en un choque, ya sea de automóvil, avión o tren, puede ser un augurio de algo bueno que le puede ocurrir a usted; deberá estar alerta pues posiblemente verá sus sueños cristalizados en logros. Si usted se ve como testigo de un choque, es que debe tomar decisiones serias en su vida, mismas que definirán su futuro; tenga mucho cuidado en el lugar en el que se desenvuelve y logrará lo que se proponga.

Cielo

Ver un cielo bonito y claro en sueños significa que vivirá un periodo de felicidad, tranquilidad y paz en su vida. Logrará sus más preciados anhelos. Si ve un cielo estrellado, sentirá mucha paz durante los siguientes días; y se sentirá muy espiritual. Si ve un cielo nublado, es porque llegarán a su vida pequeños inconvenientes y dificultades que tendrá que superar para que nada empañe sus metas.

Cine

Este sueño, según dos terapeutas actuales, se está presentando cada vez más y señala que usted debe solucionar ciertas dificultades que están aquejando su vida. Es también un sueño que le advierte que se fije bien con qué personas sale, pues tratarán de dañarlo por celos y envidia. Por ello, debe estar muy alerta de sus actos pues puede tener ciertas peleas y discusiones que es posible evitar.

Circo

Este sueño, según dos textos europeos dedicados a lo onírico, es de muy buen augurio para realizar los anhelos más difíciles que usted haya tenido. No es un sueño frecuente entre las personas; por ello, entre los estudiosos de la interpretación de los sueños se comenta que su significado es muy real y que la gente que sueñe un circo, o algo relacionado con él, va a realizar lo que siempre ha deseado.

Cocinar

Es sabido por muchos que este sueño augura buenas nuevas en torno a su vida: buena salud, buen trabajo, visita de amigos o familiares. Si usted se ve en sueños cocinando, es porque pronto recibirá una propuesta de matrimonio; si ya es casado (a) tendrá noticias de un embarazo. Asimismo, dos estudiosos actuales de lo onírico indican que este sueño trae fortuna, que el soñante gozará de buena racha económica, e incluso se habla de opulencia.

Comer

Según dos textos europeos, si usted ve platillos servidos en una mesa, es señal de que atraviesa por muchas dificultades y penas que han sido difíciles de resolver. Si se sueña comiendo con mucha hambre, es porque usted tiene éxito y fortuna en su trabajo. Si se ve comiendo con poco apetito, es debido a que tiene problemas en su trabajo o negocio; se habla también de penas y tristeza que experimenta en su vida en el momento del sueño.

Consejo

Aseguran los expertos en el tema de la interpretación de los sueños que, si se ve dando consejos a alguien, es porque pronto sufrirá riñas y discusiones de tipo familiar; sin embargo, es un sueño que le advierte que tenga más paciencia en su vida. Si se ve en sueños pidiendo consejos, es indicativo de que usted es una persona que no tiene carácter para tomar determinaciones, y de que en su núcleo de desarrollo existen intrigas y celos profesionales.

Corazón

Si usted sueña que sufre afecciones cardíacas, es porque vive momentos de pena y tristeza. Su familia lo ofende y lo injuria. Este sueño señala que se encuentra en momentos difíciles y tiene problemas económicos, malestares de salud e incomodidades en general. Este sueño sirve de advertencia para reacomodar lo que no está bien o lo que no le permita estar contento.

Correr

Este sueño significa que usted tiene que resolver un problema que lo está aquejando y que es difícil. Si se ve usted corriendo solo, será que lo que le aqueja en este momento se resolverá pronto y de buena manera; además, tendrá buena racha monetaria. Si en sueños usted trata de correr y no le es posible, es porque está atravesando por momentos de incertidumbre y de circunstancias poco claras en su vida. Necesita esclarecer algunos asuntos pendientes.

Coser

Para muchos estudiosos de lo onírico, tener este sueño representa un muy buen augurio. La gente que se ve en sueños cosiendo pronto recibirá una fortuna o herencia de alguna manera: puede sacarse la lotería o tener éxito en los juegos de azar. Inclusive se habla de promoción en algún trabajo o un buen cierre de negocios. Todo será de manera fructífera y por muy buen camino. Indica circunstancias favorables en todo lo que realice.

Cuchillo

Desde la antigüedad, soñar con cuchillos ha representado cosas y circunstancias negativas en torno del soñante; es decir, se habla de enfermedades, peleas, riñas, intrigas, separaciones y problemas que se avecinan.

Este sueño es un mal presagio en general, pues pueden llegar a usted amenazas de alguien que quiere dañarle; tratarán de denigrarlo y molestarlo algunas personas que se encuentran a su alrededor.

Cuevas

Cuando sueña con cuevas que no tienen salida, oscuras y muy profundas, es que pronto le aquejarán algunas circunstancias que no le serán del todo favorables; habrá posibles conflictos y molestias.

Según los intérpretes de los sueños, este sueño es muy confuso pues, no se sabe por qué, todo lo que tiene que ver con oscuridad de alguna manera encierra un misterio.

Curandero

Este concepto es muy importante para los estudiosos de lo onírico, pues representa augurios de misterio y cosas malévolas. No se sabe a ciencia cierta el porqué, pero no es un sueño que augure cosas positivas. Señala ciertos problemas, deshonestidades, intrigas, necedades y hasta sentimientos de angustia e intranquilidad que pueden llegar a su vida.

Danzar (ver baile).

Dedos

En general, la interpretación de los sueños opina que las manos son un buen vaticinio con respecto al amor, ya que, incluso en algunos libros de arte, las manos han servido para escribir innumerables pensamientos y unas manos bien cuidadas y lindas siempre se enaltecen. Así es que, al ser los dedos parte fundamental de éstas, los significados que se registran son variables: para algunos, soñar con ver todos sus dedos sin problemas es señal de que usted gozará de buenaventura y felicidad. Para otros, ver que se pierde algún dedo es aviso de una probable crisis financiera a corto plazo.

Debate

Para los diversos intérpretes actuales de lo onírico, tener o ver algún tipo de pelea o discusión, ya sea verbal o de acción, indica que inminentemente usted saldrá airoso de algún problema presente. Incluso puede tratarse de algún asunto legal, en cuyo caso el sueño será premonición de que quedará resuelto y ya no se verá en problemas de este tipo. También es señal de que debe fijarse en qué tipo de asuntos está inmerso.

Decapitar

Si se ve usted decapitado, es porque en breve recibirá una noticia muy triste y despiadada. Posiblemente le avisarán que alguien cercano a usted sufre alguna enfermedad o tendrá noticia de algún fallecimiento. Si se sueña asistiendo a una decapitación, es señal de que en breve tendrá éxito en sus objetivos y en todo lo que desarrolle.

Deforme

Aunque parezca un poco extraño, existen varios textos que hacen toda una disertación acerca de este concepto y señalan que todos los sueños relacionados con deformaciones de cualquier tipo, ya sea en personas o animales, indican que existen celos, traiciones, odio, rencor, hipocresía o mala actitud alrededor del soñante; en general, también es presagio de que el soñante puede llegar a sufrir algún ataque, con toda la mala fe, de alguien cercano.

Delfín

Este animal ha sido estudiado no sólo por los intérpretes de lo onírico, sino también por otras personas que se dedican a la medicina alternativa, pues soñar con delfines nadando señala que usted se encuentra rodeado por amistades sinceras y honestas que lo protegen y lo apoyan en todo lo que desarrolla. Si ve en sueños a un delfín fuera del agua, simboliza que se encuentra triste y deprimido por alguna circunstancia cercana. Este sueño le sugiere cuidarse de malas compañías, pues pueden tratar de lastimarlo.

Delincuente

Este concepto genera imágenes negativas como riñas, peleas, discusiones, momentos de tristeza y penas. En realidad, este sueño sí es muy acercado a su significado, pues diversos textos acerca de los sueños indican que soñar con delincuentes augura que se encontrará inminentemente con problemas de dinero, poca suerte, periodos de tristeza, incomodidad y sinsabores en general.

Demanda

Este sueño significa que usted pasara por varios pesares en un periodo corto, pues señala que lo que vivirá será negativo y sin suerte: puede perder dinero y su salud puede estar delicada, puede llegar a sufrir abusos de confianza en su negocio o trabajo, tratarán de extorsionarlo o padecerá infidelidad por parte de empleados o compañeros de trabajo. Malas sensaciones en todo lo que le rodea.

Dentista

Si sueña que es atendido por un dentista, es señal de que usted tiene problemas sentimentales de algún tipo, ya sea con su pareja o con alguien muy cercano a su vida. Le aquejarán deshonestidades y sufrirá mucha tristeza y penas. Pero también, este sueño es una señal de que usted saldrá airoso de cualquier debate o duda que se tenga respecto a su persona, y de que contará con la amistad y apoyo de mucha gente.

Denuncia

Muchos sueños, por extraños y poco comunes que parezcan, tienen mucha importancia para la vida del soñante y éste es el caso de soñar con denunciar a una persona, por la razón que sea. Este sueño augura que en breve recibirá malas noticias referentes a su trabajo o negocio: malos manejos, trampas, robos. Si en sus sueños usted es el que aparece como denunciado, será debido a que sus objetivos y metas lo llevará a la cima, y saldrá muy bien librado de todos los posibles inconvenientes que tiene en este momento.

Demonio (ver Diablo).

Desempleo

Este otro concepto resulta muy interesante para quien se dedica a estudiar lo relacionado con los sueños. Se asegura que soñarse desempleado significa que en su vida profesional le acaban de truncar algunos ideales y los ve detenidos; y como usted ha puesto en ello su mayor sacrificio, experimentará desánimo y hastío. Su situación se ve perjudicada porque sus planes no salieron como usted esperaba. No se quedará sin trabajo, pero sí tendrá que sortear un par de asuntos difíciles dentro de corto tiempo.

Desenterrar

Cuando sueña que está desenterrando a una persona, es sinónimo de que se encuentra pasando por momentos muy complicados en su vida; una posible separación, ruptura, problemas de salud o desestabilidad laboral. Si usted sueña que se encuentra desenterrando un objeto, es porque llegará a su vida un periodo estable y con buenaventura; se verá colmado de satisfacciones y circunstancias positivas en su vida.

Desmayo

Según expertos terapeutas en regresión de sueños, éste es un sueño interesante. Soñar con desmayarse augura que usted se enfrenta con varias incertidumbres en relación con su entorno, y que eso hace que esté inquieto. Puede preocuparle incluso alguna dificultad económica que esté teniendo. Si sueña con ver a un desmayado, es señal de que en breve tendrá una pérdida muy grande en lo que a su familia se refiere; puede ser que alguien caiga gravemente enfermo, o bien, algún fallecimiento.

Desnudo

Cuando en sueños el soñante se vislumbra desnudo, es porque, en este momento de su vida, se avergüenza de lo que es, no está contento con lo que tiene y se siente muy triste y solo. Puede llegar a sufrir baches económicos y hasta problemas de salud. Si ve desnuda a una persona desconocida en sus sueños, es indicativo de que tendrá muchas cuestiones por resolver, puede tratarse de dinero, trabajo, enfermedades, e incluso circunstancias más graves, como un problema de tipo judicial.

Deudas

De acuerdo con terapeutas actuales que se dedican a la interpretación de los sueños, verse en sueños pagando deudas es presagio de que sus finanzas tendrán una mejora económica en breve. Si, por el contrario, sueña que contrae deudas, es sinónimo de que recibirá malas nuevas. Este sueño también demuestra debilidad de carácter y le señala que esté alerta de las compañías que tiene, pues tratarán de afectarlo de alguna manera.

Diablo

Durante muchos años, la imagen del diablo se ha asociado, en textos y almanaques, con algo malo o negativo; en efecto, soñar con verlo o hablar con él no augura precisamente sentimientos buenos, pues señala que se sufrirán pesares, traiciones, intrigas y severas dificultades con los semejantes. Si en sus sueños ve al diablo correr o huir, indica que saldrá airoso de los problemas que lo aquejan en ese momento; saldará de una manera muy eficaz sus deudas, ganará batallas y estará libre de enemigos.

Diamantes

Ver diamantes es sinónimo de éxito, fortuna, suerte y cumplimiento de metas que reditúan en circunstancias airosas. Si el diamante es de usted, indica que acumulará riqueza y poder. Si lo pierde, augura que tendrá desestabilidad económica, de salud y de pareja. Si ve un diamante y luego descubre que es falso, es una advertencia de que se cuide de posibles engaños y traiciones de los que podría ser presa.

Dientes

Existen muchos textos populares que señalan que unos dientes sanos y blancos denotan paz, tranquilidad, felicidad y que su situación mejorará notablemente. Si los ve feos o enfermos, denota que el soñante pasará por un periodo de mala suerte en su vida, o que tendrá padecimientos en su salud o la de algún pariente, sobre todo si los dientes se encuentran en muy mal estado. Si sueña con que le extraen una pieza, señala buenaventura económica en su profesión o trabajo. Un extremo es soñar con que se cae la dentadura, pues augura muerte. Si sueña que le arreglan una pieza, indica que pronto recibirá buenas nuevas. Cuando se pierden uno o más dientes, es augurio de que deberá poner atención a alguna circunstancia de su vida que no haya resuelto; es una advertencia para que la cristalice. Si sueña que se cepilla los dientes o ve a alguien hacerlo, es porque se resolverán situaciones que le preocupan.

Dinero

Soñar con dinero siempre ha tenido diversos significados; si sueña que tiene dinero ganado por su trabajo, es debido a que pasa por un momento positivo en su vida profesional y se encuentra estable económicamente; si gana dinero en el juego, no señala fortuna y éxito en su vida. Si lo tiene y lo atesora, pasará por dificultades económicas y muy posiblemente contraiga deudas. Si encuentra dinero en sueños, es pronóstico de que su vida tendrá un revés y desventura. Si presta dinero, indica que alguien obrará con mala voluntad hacia usted.

Difunto (ver muerte).

Dios

En este sueño hay varias interpretaciones, según los expertos del tema onírico, pues Dios aparece de una manera poco clara. Este sueño es considerado como extraño y no es tan predecible como otros, pues depende mucho de la religión que usted profese y del contexto en que se encuentre. Antiguamente se consideraba que soñar con Dios simbolizaba amor y felicidad por doquier, pero los textos actuales ponen en tela de juicio tal observación. Conclusiones recientes señalan que si se ve a Dios orando en un sueño y usted lleva una vida tranquila, es indicativo de que su vida está llena de paz y comprensión, pero que si lleva una vida agitada y llena de excesos, su vida tendrá un periodo de inestabilidad y serias dificultades, por lo que los terapeutas que interpretan sueños comentan que éste puede tomarse como precautorio, con el fin de conducirse según quiera que le vaya en la vida.

Disfrazarse

En dos textos europeos antiguos se dice que cuando en sueños se ven disfraces, usted se disfraza o ve a alguien hacerlo, es porque hay gente que desea dañarlo. Pero eso usted no lo sabe, pues confía mucho en las personas que se encuentran a su alrededor; ellos son engañosos y traen una especie de máscara, se portan de una forma ante usted, y a sus espaldas hablan y lo injurian con el afán de que pierda su empleo o para que le vaya mal en sus negocios. Para algunos estudiosos actuales, este sueño señala conceptos contrarios: buenas noticias, suerte y buenaventura en su vida.

Distancia

Según dos textos anglosajones que tratan el tema onírico, la distancia simboliza viajes, vacaciones e incluso un cambio de residencia a un lugar lejano. También existe la creencia de que la distancia simboliza separación por traición e infidelidad en la pareja. Dos estudiosos actuales de los sueños comentan que la distancia se interpreta como discusiones, riñas, peleas, enfrentamientos y un periodo de insatisfacciones en la vida del soñante. Su significado dependerá mucho del contexto en que se encuentre.

Divorcio

Contrariamente a lo que se puede pensar, los psicoterapeutas aseguran que soñar con un divorcio, propio o de alguien conocido, augura que el soñante se encuentra en un buen momento con su pareja, estable y sin mayores problemas. Si usted se vislumbra en un juicio de divorcio, despreocúpese, pues son buenas noticias que llegarán pronto a su vida, y se le augura un periodo de estabilidad y tranquilidad.

Doctor

Cuando usted sueña con doctores, ve que lo atienden o un quirófano en un hospital, es augurio de que su vida se encuentra tranquila, en paz y no sólo eso, sino que se encuentra con suerte y prosperidad. Le sonreirá la fortuna y le lloverán las buenas noticias; sus metas se cumplirán, sus objetivos se logran sin mayores problemas. Pasará por un largo periodo de serenidad.

Dólares

Este sueño resulta interesante por los diversos significados que tienen sus variantes: si los ve, es porque llegarán éxito y logros a su vida. Si los cambia, es augurio de que padecerá problemas económicos. Si compra algo con ellos, es porque realizará alguna compra de un bien por el que pagará una fuerte suma. Si los cuenta, es señal de que padece o tendrá severos problemas en sus finanzas. Si encuentra dólares, recibirá buenas nuevas.

Dominó

Cuando sueña que juega dominó, ya sea solo, con amigos o personas conocidas, se debe a que siente mucha tristeza y que una pena profunda lo embarga. Algunos terapeutas actuales sostienen que muy posiblemente el soñante está entrando a una severa depresión y que por ello tiene síntomas de ese tipo. En este caso se aconseja que el soñante tenga mucho reposo, y que busque el cuidado y apoyo de gente que lo aprecia para salir de su estado depresivo. Aunque resulte extraño, este sueño es más común de lo que parece.

Dormir

Este sueño tiene distintas interpretaciones. Si sueña con dormirse es porque usted ha dejado abandonadas algunas tareas de trabajo o de su negocio. Si sueña que duerme con la persona con quien sostiene alguna relación sentimental, es señal de que tendrá mucha paz, tranquilidad y felicidad en todos los aspectos de la vida. Si sueña que duerme en un lugar distinto al que comúnmente habita, será porque le ocurrirán situaciones adversas y problemáticas. Si sueña que duerme de manera intranquila y que no concilia el sueño, es sinónimo de que tiene preocupaciones en su lugar de trabajo, escuela o profesión y de que debe enfocarse a resolverlo.

Eclipse

Algunos especialistas astrales sugieren que la persona que sueña con eclipses es porque se encuentra en un periodo de penas y desgracias que le embargan. Del mismo modo, el soñante puede estar en un momento problemático de su vida profesional, por lo que evidentemente también tendrá problemas económicos. Si nada de esto le ocurre, puede ser que alguien de su familia caiga enfermo, aunque se trate de algo pasajero y sin gran trascendencia.

Editor

Soñar con este concepto, que es muy actual y positivo según algunos psicoterapeutas especialistas en sueños, indica que a su vida llegarán nuevos proyectos, que tendrán un muy buen desplazamiento y lo proyectarán al cien por ciento.

Las perspectivas en su vida cambiarán radicalmente y todo fluirá con éxito y buena fortuna; este sueño augura felicidad y logros en su vida.

Ejecución

Soñar con una ejecución augura que usted saldrá vencedor de todos los problemas y dificultades que se atraviesen en el camino. Todo lo que realice tendrá buenos resultados. Si, por el contrario, en sus sueños usted es el ejecutado, es augurio de que tendrá una mala racha, desavenencias, intentos fallidos, desesperanza, tristeza, penuria; sus planes no fructificarán y tendrá un periodo negativo en su vida.

Ejercicio

Desde la antigüedad había referencias al sueño de hacer ejercicio. Este tema señala que la persona se encuentra en abundancia y bienestar en su vida. Muchas veces se sueña que se hace ejercicio acompañado por alguna persona, y significa que el soñante es una persona sociable. Si sueña que está muy cansado por haber hecho demasiado ejercicio, es porque últimamente ha gastado más dinero del que debe, por lo que el sueño le refleja falta de liquidez durante algún periodo. El sueño en general augura cosas positivas en la vida del soñante.

Ejército

Ver en sueños un ejército en guerra se debe a que el soñante se encuentra en un momento difícil en su vida, es decir, que está con penas y tristezas que lo embargan o posibles enfermedades. Si se acaba la guerra y el ejército se observa en paz, es señal de que el soñante tendrá tranquilidad, quietud y bienestar en general. Si tiene problemas al momento del sueño, éstos se irán solucionando en corto tiempo.

Elefante

Este sueño tiene varios significados: ver un elefante es señal de fuerza, lo que responde a que usted es un líder con visión que trabaja en equipo y que maneja personal sin problemas. Si lo monta, augura que tendrá fortuna y éxito en todo lo que emprenda. Si lo ve en un circo, es porque tendrá momentos problemáticos. Si le da de comer, será porque realizará varias tareas donde le ayudará alguien importante a resolverlas. Verlo muerto es una advertencia de que las decisiones que está tomando para resolver un problema no son las más convenientes. Verlo escaparse denota que tendrá conflictos de tipo familiar.

Embarazo

Éste es uno de los sueños más estudiados por los especialistas, pues sus simbolismos han variado al pasar de los años. Actualmente se dice que este sueño es de buena suerte; si es una dama la que tiene este sueño, será debido a que tendrá buen empleo o una promoción en su trabajo; si tiene un negocio, éste le dará muchos frutos. Gozará de liquidez sin problemas. Si, por el contrario, en el sueño un varón embaraza a una chica, será debido a que su vida sentimental no es la más honesta, por lo que es una especie de advertencia para que establezca mejores relaciones.

Embarcar

Si se ve embarcando objetos, es porque su vida cambiará de perspectivas; sus proyectos y objetivos se cumplirán tal y como los soñó. Habrá estabilidad, pues se encuentra en un periodo en el que la fortuna y el éxito le sonríen. Este sueño es una advertencia para que disfrute al máximo lo que tiene y lo cuide, pues todo lo que realice en este periodo tendrá frutos, y hará que su vida sea placentera y feliz.

Emigrar

Cuando se tiene este sueño, según los expertos, es porque viene un periodo de inestabilidad y problemas, si el soñante no tiene cuidado en sus finanzas y su economía. Es una advertencia para que se mantenga al pendiente de todos sus asuntos, ya sea en su trabajo o negocios pues, de lo contrario, el destino le puede traer circunstancias inesperadas que le compliquen la existencia. Actúe con cautela.

Enemigo

En dos textos de la Gran Bretaña se toca el tema de los enemigos, y aseguran que este sueño es positivo y conciliador. Actualmente, se sabe que soñar con enemigos denota éxito y logros en objetivos, o bien, ganancias que se ven cristalizadas dado que se venían persiguiendo con gran sacrificio; entre más fuertes y difíciles sean los enemigos, más prosperidad y éxito tendrá el soñante en todo lo que realice.

Enfermedad

Este sueño refleja el estado de ánimo del soñante y sus emociones, así es que depende mucho del contexto en el que se encuentre, pero en general indica problemas, diferencias y abandonos. Señala una posible enfermedad del soñante o de alguien cercano a él, no necesariamente de gravedad pues puede ser por estrés, por preocupaciones o por problemas cotidianos que se lleven al extremo. Si se ve enfermo y luego rozagante y sano, será porque sus problemas llegarán a su fin.

Enfermera

Son frecuentes los sueños en hospitales con enfermeras, y también es común soñar que se les ve en sueños. Los expertos en el tema de la interpretación de los sueños aseguran que el soñante goza de buena salud, recibirá apoyo y ayuda de la gente con la que se relaciona y resolverá problemas que viene arrastrando de tiempo atrás. Vendrán en su auxilio, aun sin que usted solicite ayuda de ningún tipo.

Entierro (ver funeral).

Equipaje

Este sueño es buen augurio pues señala viajes y vacaciones en puerta, además de prosperidad. Si sueña que pierde sus maletas, es porque habrá dificultades y diferencias en su familia o con su pareja; puede haber cancelación de planes. Si en sueños vislumbra el equipaje vacío, es porque no goza de una buena racha económica. Hay un texto europeo que hace referencia al equipaje y asegura que el soñante tendrá suerte y buenaventura a su alrededor, pues gozará momentos de gran felicidad. Asimismo, según un texto anglosajón, ver equipaje significa que en el fondo el soñante desea cambiar algo en su vida o con su pareja. Necesita evolucionar.

Escalera

Es importante mencionar que para descifrar este sueño se tiene que conocer un poco el entorno, el material de que está hecha la escalera y el tamaño; pues así la interpretación será más clara. Sin embargo, en términos generales, subir una escalera significa que sus proyectos tanto personales como profesionales tendrán gran evolución y funcionarán a la perfección. Bajar una escalera es señal de que pasará por momentos difíciles y llenos de angustia. Si se cae, es porque tiene problemas profesionales.

Escapar

Cuando en sueños se ve escapando, es señal de que le va bien en la vida, de que tiene suerte y éxito en su trabajo y con su familia. Si se ve escapando de una cárcel, será porque en su negocio o profesión le irá muy bien y habrá prosperidad y abundancia. Si sueña con que está escapando de algún ataque animal o de alguien que lo quiere agredir físicamente, será una sugerencia para que tenga cuidado con la gente con quien trabaja, pues a su alrededor tratarán de calumniarlo e intrigar contra usted por celos y envidia.

Esconder

Si sueña que se esconde es una advertencia para que no cometa actos de los que después pueda arrepentirse, o se encuentra ante un campo inseguro y no sabe cómo actuar. Dos textos españoles dicen que, si sueña que está escondiendo un objeto, será debido a que usted se rodea de gente que no es del todo honesta y a que su persona está en tela de juicio ante los demás, pues quizá crean que usted no es digno de confianza y deberá demostrar lo contrario.

Escuela

Cuando en sueños se vislumbra en la escuela o regresando a ella, es porque en su vida se avecinan cambios; sus objetivos se transforman para satisfacer sus necesidades de manera más congruente en comparación con etapas previas. Debe ser cuidadoso pues hay textos actuales que aseguran lo contrario, por lo que puede ser augurio de que sus propósitos pueden frenarse.

Espada

Si sueña con llevar una espada al costado, es porque usted es una persona a la que admiran y respetan. Se trata de alguien honorable que actúa siempre conforme a derecho. Si se ve en sueños sacando la espada como para atacar, es debido a que próximamente usted sorteará un par de problemas. Si la pierde, es porque podrá sufrir penurias; si se hiere con su espada, es porque sufrirá de mala suerte y posibles diferencias con las personas con quienes se relaciona frecuentemente.

Espejo

Cuando en sueños aparece un espejo, es señal de que las personas que se encuentran a su alrededor carecen de honestidad y honorabilidad; es, de alguna manera, una alerta para que se mantenga con cuidado ante posibles traiciones o trampas que puedan ponerle. Si ve un espejo roto, es indicativo de que vivirá un corto periodo de mala fortuna y desventura, o sorteará probables malestares de salud.

Europa

Este sueño, según dos terapeutas actuales, indica que usted realizará en breve un viaje a ese continente, aunque no se conoce con exactitud si es un viaje corto, largo, a varios países o a uno solo. Asimismo, este sueño anuncia que tratará con gente importante y sobresaliente, dependiendo de la actividad que usted realice. Estas personas que conocerá le servirán de ayuda y soporte para realizar un par de metas que no había podido cristalizar. Este sueño es muy positivo, pues traerá fortuna y éxito a su vida.

Examen

Si sueña que se prepara para realizar un examen, es porque podrá lograr nuevas metas de una forma adecuada. Si se vislumbra saliendo airoso y con éxito del examen, indica que, si usted pasa en estos momentos por dificultades y contrariedades, se esfumarán y gozará de tranquilidad y quietud en su vida. Si su examen sale negativo, es porque se enfrentará con inconvenientes, aunque con esfuerzo saldrá adelante.

Excavar

Este sueño tiene una gran importancia en la vida del soñante pues, si se sueña excavando, es porque el soñante se encuentra persiguiendo sueños, metas u objetivos de alguna especie. Los estudiosos de lo onírico sugieren esforzarse en lo que se quiere para conseguirlo. Si se sueña excavando un hoyo o algo profundo, es porque le llegarán noticias favorables. Si cuando excava descubre un cadáver, significa que tiene problemas en su vida afectiva; esto habla de desamor, infidelidad y hasta de separación.

Excursión

Si sueña que va de excursión a un campo, es porque usted se encuentra en un estado de tranquilidad y bienestar, y se siente feliz. Si se ve en una excursión en una montaña, señala que en su vida habrá buenaventura, fortuna y felicidad. Los problemas y preocupaciones se irán disipando mientras dure la actividad. Este sueño es muy positivo en la vida del soñante, pues denota mucha suerte en todo lo que realice y que atraviesa por un muy buen momento en la vida.

Explosión

Este sueño denota que su vida pasa por circunstancias inesperadas, retroalimentaciones y cambios. Indica problemas que explotaron y que exigen una solución o mejora. Puede referirse a problemas económicos, rencillas entre familiares o celos entre amigos. Pero no es nada que no se pueda solucionar, según indican expertos de lo onírico; estos sueños son cada vez más frecuentes entre las personas que viven en las grandes ciudades.

Extranjero

El odio a los extranjeros, también conocido como xenofobia, es un tema muy frecuente. Por ello, si usted se vislumbra participando en algún acto xenofóbico o siente un terrible odio hacia gente extranjera, es debido a que goza de bienestar y tranquilidad en su vida. Para los doctos en el tema onírico, no es extraño que las personas tengan este tipo de sueños y menos en la actualidad, que hay actos de este tipo muy a menudo.

Fábrica

Cuando en sueños ve una fábrica en actividad, es augurio de que tendrá éxito y fortuna en la vida. Todo lo que se empeñe en hacer le saldrá como lo desea. Nuevas teorías sobre la interpretación de los sueños aseguran que, si ve una fábrica de mal aspecto, sucia o vieja, será indicativo de que está pasando por grandes indecisiones en su vida; quizá tiene muchas angustias y dificultades que lo hacen conducirse con incertidumbre.

Faldas

Soñar con faldas tiene distintos significados pero, en general, es un sueño que señala las relaciones interpersonales mujer-hombre. Ver una falda indica que se reunirá con alguien que tendrá mucha importancia en su vida. Si ve una minifalda, será que se le acercará alguien del sexo opuesto con intensiones insanas. Una falda muy larga simboliza que alguien en su entorno hablará de usted a sus espaldas. Una falda fea, rota o sin calidad denotará elogios del sexo opuesto hacia su persona.

Fallecimiento (ver muerte).

Fama

Contrario a lo que se puede pensar de este concepto, cuando sueña con fama no necesariamente refleja que la tiene o la tendrá. Psicoterapeutas actuales aseguran que este sueño se interpreta como una necesidad del soñante de alcanzar metas u objetivos que se vienen persiguiendo pero que no se concretan, pues son muy difíciles. De igual manera, si sueña con ver a alguien cercano a usted que de repente se vuelve famoso, no es presagio positivo, sino una advertencia de que ponga los pies en la tierra, pues lo que usted desea está fuera de sus manos.

Familia

Según dos textos europeos de reciente edición y estudiados por un especialista actual en interpretación de los sueños, soñar con la familia indica bienestar y prosperidad en general, tanto para usted como para la gente que lo rodea. También tendrá tranquilidad, paz y estabilidad, si sueña con este concepto; gozará además de salud y fortuna por doquier. Si usted se ve en reuniones con ellos, en brindis o fiestas de cualquier tipo, es un sueño muy positivo.

Fantasmas

Desde hace muchos años existen textos que hablan acerca de los sueños con fantasmas y, contrariamente a lo que se pudiera pensar, estos sueños traen muy buena suerte y fortuna; además, constituyen una advertencia de que debe cuidarse para evitar problemas de salud a futuro. Por tratarse de fantasmas, se tenía la creencia que este sueño era un presagio que le indicaba al soñante que tuviera cuidado con los lugares que frecuentaba y con las personas que le rodeaban.

Fealdad

Se dice que si usted se sueña feo o fea es porque no concreta ninguna relación amorosa; sin embargo, dos textos anglosajones que se refieren a la fealdad indican que el soñante posee una fuerte inseguridad en sí mismo y en todo lo que lo rodea, por lo cual podría ser una señal para actuar con mayor madurez y adquirir seguridad y apoyo.

Fiesta

Si se ve en una fiesta de amigos o de familiares, los problemas y dificultades por las que esté atravesando se esfumarán de una manera rápida y precisa. Estará más tranquilo, sereno y gozará de estabilidad en corto tiempo. Si sueña que asiste a una fiesta en un lugar alejado, en un pueblo o ranchería, indica que recibirá buenas nuevas, felicidad, buenaventura y éxito en todo lo que realice.

Flores

Durante muchos años, y así lo aseguran los estudiosos de lo onírico, soñar con flores es símbolo de felicidad, amistad y honestidad. Si sueña flores que se ven tristes o marchitas, es señal de que usted debe ser más precavido y mantenerse alerta ante los demás. Cuando una dama joven sueña que le dan rosas, o cualquier otro tipo de flor, simboliza que alguien la va a pretender; si ya tiene alguna relación afectiva, es augurio de que tratarán de seducirla, aunque sucederá de manera correcta y sin problemas.

Fortuna (ver dinero).

Fotografías

Si en sueños se toma fotos con amigos o familiares, significa que hay asuntos por resolver en su vida o tal vez con alguno de los conocidos con quien se toma la fotografía. Si se toma fotos con gente que no conoce, será indicativo de que llegarán a su vida nuevas relaciones de tipo afectivo, con gente con la que muy probablemente cerrará un círculo y culminará en algo serio. Tomarse fotos con personas ya fallecidas señala que se encuentra en un momento lleno de serenidad y quietud. Si ve fotos en blanco y negro, es que pasará por algunas desavenencias. Si regala fotos de usted, es porque habrá una separación; si recibe fotografías, es porque se le acercará alguien con buenas intenciones.

Fracasar

Cuando en sueños aparece este concepto, se debe a que algo cambiará en su vida; sus objetivos y metas deberán modificarse. Especialistas en la interpretación de los sueños hablan de revoluciones y cambios positivos en su vida, pero no será fácil llegar a ellos; se trata de que usted va a concretar estos proyectos pero le costará trabajo y sacrificio, aunque, al final, todo le será reditado de una forma muy positiva.

Fraude

Si en sueños usted ve que cometen fraudes o que alguien le avisa sobre un fraude hacia su persona, será porque quienes trabajan con usted y se encuentran alrededor suyo tratarán de perjudicarlo con trampas. Básicamente, este sueño refleja que le tienen muchos celos y envidia porque seguramente usted es una persona honesta y trabajadora, lo cual a los demás siempre es molesta; cuídese de sus amistades.

Frutas

Si sueña con frutas grandes y bonitas, es porque a su vida llegarán cosas buenas; entre éstas, la prosperidad y la alegría reinarán en su hogar y con los suyos, además, tendrá mucha suerte y fortuna en todo lo que realice. Si, por el contrario, vislumbra fruta inmadura, es señal de que sufrirá inminentes decepciones, separaciones, enfermedad, malas noticias, problemas económicos y financieros.

Fuego

Si sueña que enciende algún tipo de fuego de chimenea, fogata o fuego casero, será porque a usted le llegarán noticias de fortuna y éxito. Si ve en sueños un gran fuego en un bosque, o que se quema una casa o alguna otra cosa de dimensiones grandes, es señal de que tendrá una buena racha económica y le sonreirá el dinero por donde vaya. Si sueña que se quema con fuego, significa que en su profesión o negocio está teniendo algunos problemas; si apaga el fuego, es sinónimo de que sufrió una gran pérdida o separación, o está por ocurrirle algo similar. Si sueña que ve fuegos artificiales, es porque usted es una persona con grandes metas y proyecciones, sólo que éstos son irrealizables.

Fugitivo

Si se ve como fugitivo de algún lugar o situación determinada, es porque se siente atrapado y presionado por diversos problemas que ahora lo agobian. Si en sueños usted ve a un fugitivo y lo ayuda, será porque en su trabajo o negocio las cosas tienen poco control y usted deberá pedir cuentas y resultados. Este sueño, según los especialistas en el tema, depende del contexto en el que se generó, pues no resulta un sueño común.

Fumar

Si se ve fumando, es porque está pasando por un momento de contrariedades en su vida: pequeños problemas lo agobian y no sabe cómo resolverlos. Esto será sólo por poco tiempo, pues pronto su vida volverá a la tranquilidad. Si ve fumando a una persona, significa que en su profesión o negocio atravesará por algunos obstáculos que tratarán de imponerle, pero con sensatez y recato usted saldrá adelante.

Funeral

Este sueño, según los especialistas de lo onírico, es signo de que usted recibirá buenas nuevas, por lo que no tiene relación con lo triste y melancólico de un funeral. En otros países se creen que es signo de que habrá una boda o un nacimiento; para otros, el funeral indica que el soñante gozará de felicidad y prosperidad en su vida. Si se ve asistiendo a su propio entierro o funeral, será porque llegará a su fin el periodo de penas y sinsabores que había estado padeciendo.

Futbol

Este sueño es de reciente interpretación dado el auge que ha ganado este deporte de afición. El significado tiene distintas vertientes; una de ellas es que, si sueña que juega un partido de futbol soccer o americano, es signo de buena suerte en su profesión o trabajo, lo que habla de éxito y fortuna. Si sueña que está como espectador, simboliza que debe tratar de ser una persona positiva en la vida, buscar las mejores salidas y tener cuidado con sus amistades.

Fusil

Según dos textos anglosajones, si sueña que tiene un fusil y que lo utiliza, es porque tendrá que solucionar problemas que no ha resuelto por desidia desde hace mucho tiempo. Si sueña que usa el fusil, será porque usted realizará en breve una serie de movimientos; si da en el blanco, todo le saldrá como desea. Por otra parte, si usa el fusil y falla en la puntería, es porque enfrentará obstáculos en lo que va a realizar.

Galería

Si sueña que visita o está dentro de una galería de arte, mirando cuadros o esculturas, es debido a que tiene sueños inalcanzables o lo que desea no es fácil de obtener. Sin embargo, sus metas a corto plazo, como hacer un viaje y otros objetivos, se cristalizarán mucho más rápido. Incluso habla de que podrá ahorrar dinero y tener logros económicos en los negocios, por lo que de alguna manera será favorecido.

Galletas

Cuando en sueños observa galletas en un aparador o tienda de autoservicio, o sueña que las está comiendo, significa que pasará por un periodo de tristeza y penurias de tipo económico y financiero. Entre más galletas vea o coma, más largo será este periodo. Los intérpretes de los sueños sugieren que ponga atención a este sueño para que, si se presenta el periodo de tristezas y penurias, sepa cómo esquivarlo y actúe en consecuencia.

Gallina

Ver a una gallina en sueños es muy buen augurio; según dos libros españoles antiguos, se avecina tranquilidad y prosperidad en su vida, éxitos y buenaventura. Existen además otras connotaciones: si la ve empollando, es que pronto tendrá noticias de un nacimiento. Si se la come, es porque tendrá fortuna y dinero. Si la ve poniendo huevos, significa que ganará algo y que hará nuevas amistades. Si escucha cómo cacarea, será porque usted se encuentra en un momento estable en su vida de familia y de pareja.

Ganado

Este sueño es muy recurrente entre las personas que habitan en el campo o que realizan viajes a estos lugares en vacaciones. Según dos textos actuales de los sueños, si usted ve un ganado grande y bonito pastando, significa que pronto tendrá grandes satisfacciones y suerte en todo lo que emprenda. Si, por el contrario, descubre un ganado débil y flaco, pasará por problemas o contrariedades, y quizá tenga un periodo de mala suerte.

Gas

Si sueña con gas común, del que usa en su casa para cocina, bañarse, etcétera, es porque goza de estabilidad económica, tiene un buen trabajo y su familia tiene bienestar. Si sueña que se escapa el gas o que algo explota, es que en este momento de su vida no está actuando con cautela; tenga cuidado pues este sueño, según los expertos, es una alerta para prevenir posibles desgracias.

Gatitos
Durante siglos, estos animalitos se han utilizado en calendarios, libros y miles de ilustraciones, casi siempre argumentando que dan suerte, buena salud y buenaventura en general. Existen dos vertientes: dos libros europeos dicen que, si una joven sueña que ve un gato blanco muy bonito, es porque llegará a su vida algún gallardo pretendiente que tratará de seducirla. Si es un caballero el que tiene este sueño, significa que posiblemente lo traicionen en el amor. La otra vertiente dice que los gatos negros son vaticinio de maldad y cosas negativas; esto último ha sido muy debatido entre los estudiosos de los sueños y los amantes y protectores de los animales, por lo que en este libro trataremos de quedarnos con la interpretación más positiva.

Golf
Este sueño prácticamente tiene una nueva interpretación. Los expertos del tema onírico afirman que el soñante pasará por momentos desagradables y poco placenteros durante cierto tiempo; visitará gente que no es del todo agradable en un momento especial y monótono en su vida. Por eso, este sueño es un vaticinio para que reoriente sus expectativas y cambie hacia donde mejor le convenga. Señala que es momento de tomar decisiones.

Golpear
Si sueña que golpea una puerta, será porque en corto tiempo recibirá noticias tristes y desfavorecedoras. En este momento de su vida usted necesita apoyo por parte de sus semejan-

tes. Si golpea una ventana, las circunstancias en su vida no son las más propicias para la prosperidad y la estabilidad. Golpear a una persona significa que está pasando por un momento de riñas y contrariedades. Si lo golpean, significa que usted será humillado y calumniado.

Granja

Muchos calendarios ilustran granjas felices, con animales por doquier y bellos pastos. Si sueña que visita una granja bella y en un ambiente agradable, es porque usted se encuentra a punto de conocer nuevos amigos. Si sueña que la compra, es porque tendrá éxito y fortuna en su trabajo o negocio. Si sueña con un granjero, es que necesita tener contacto con la Naturaleza. Si sueña que la granja se incendia, se roban ganado, o bien ocurre algo funesto, señala que usted atesorará fortuna y dinero de manera inminente.

Guantes

Si usted sueña que usa unos guantes bonitos y elegantes, significa que recibirá alegrías repentinas que lo harán feliz; puede tratarse de encuentros y visitas que vienen de lejos a verlo, regalos o una alegría inminente. Si sueña con quitarse los guantes, es porque tiene una preocupación relacionada con su vida personal que lo aqueja y da vueltas en su cabeza; desea cambios y mejoras, pues no se siente muy a gusto con la vida que lleva en este momento.

Guardabosques

Miles de cuentos nos hablan de los guardabosques que cuidan a los animales y a todos los seres que habitan en los bosques; por el contrario, en sueños estas personas se interpretan como un símbolo de hipocresía y deshonestidad, de las cuales usted está siendo presa, aunque no se preocupe, pues este sueño le asegura que descubrirá a la persona que está obrando negativamente.

Guardia

Si en sueños ve a un guardia, significa que sus intereses se verán en buenas manos y que contará con el apoyo de sus superiores. Deberá tener cuidado, pues a su alrededor rondan envidias y odios por parte de personas que no lo aprecian y tendrá obstáculos, mismos que podrá vencer con astucia y con la ayuda que reciba. Esté alerta pues estarán como águilas vigilando sus pasos. Saldrá airoso.

Guerra

Entre los estudiosos de los sueños, antiguos y actuales, han existido muchos debates acerca de la interpretación de este concepto; sin embargo, se considera que soñar con guerra indica que el soñante tendrá un pequeño periodo de riñas y discusiones, mismas que pueden ser con su familia, en su trabajo o negocio, escuela o lugar de recreo. Puede tratarse también de una advertencia para evitar peleas y así no llegar a grados más extremos.

Guitarra

En muchos textos antiguos, la guitarra aparece como un instrumento relacionado con el romanticismo, la seducción y los placeres, sobre todo vinculados con una mujer. Los expertos descifradores de sueños dicen que, en efecto, este sueño tiene ese simbolismo, mismo que además evoca momentos felices que ha vivido el soñante. Si sueña que las cuerdas de la guitarra se rompen, es porque tendrá desavenencias y contrariedades en la vida.

Gusano

Si sueña con un gusano de seda, es porque en su vida tendrá éxito y satisfacción con lo realizado; si sueña con gusanos de tierra, deberá vigilar bien su casa o negocio, pues tratarán de extraer algo de lo que usted posee. Este sueño vaticina que usted debe permanecer alerta, porque, aunque no es grave, le previene para que observe a quien lo rodea, pues gente cercana se trae algo entre manos.

Hablar

Este concepto señala que habrá conversaciones referentes a acontecimientos futuros. Si escucha comentarios hechos con voz normal, amable y gentil, será porque tendrá comprensión y apoyo para realizar cualquier actividad. Si escucha una voz fuerte y no muy agradable, es señal de que sorteará algunos inconvenientes próximos en su vida. Si no escucha claramente el mensaje y la persona tartamudea, significa que se encontrará ante situaciones adversas.

Hada

En muchos cuentos infantiles las hadas siempre aparecen como por acto de magia, la mayor parte del tiempo para hacer cosas positivas y ayudar a los protagonistas. Según expertos en el tema onírico, si usted sueña que ve hadas es porque necesita mucho apoyo en su vida, pues posiblemente atravesará por circunstancias que lo alterarán y le robarán la tranquilidad. Es un vaticinio de que se mantenga alerta, pero no señala nada de gravedad.

Halcón

En dos textos españoles se dice que soñar con este animal, y usted o alguien cercano a usted lo captura, significa que en su vida reinará la felicidad y la abundancia. Si lo quiere atrapar pero no lo logra, es signo de que tendrá pérdidas en su negocio o problemas en su profesión. Si lo ve volar, será porque tendrá noticias acerca de su situación económica, la que puede no ser muy favorable.

Hamaca

Si sueña que está en una hamaca y se mece de un lado a otro, recostado, tranquilo, meditando, significa que experimenta un grado de reposo absoluto y que posiblemente realizará viajes a lugares lejanos, exóticos y maravillosos, donde su vida cambiará totalmente. Su estado de ánimo se encuentra en el mejor momento, su vida se relaja y sus problemas poco a poco desaparecerán. Es importante mencionar que, si la hamaca se encuentra adentro de una casa, un departamento o un lugar cerrado y no al aire libre, el sueño señala preocupaciones y ansiedades de parte del soñante.

Hambre

Si sueña que tiene mucha hambre, es porque usted tiene el entusiasmo de lograr sus metas y propósitos, y desea lograrlos y cristalizar sus sueños. Tendrá éxito en todo lo que realice y la fortuna le llegará a manos llenas. Gozará de un periodo de esperanza y prosperidad, y llegará a usted la buena suerte para siempre. Se sentirá lleno de energía y buena fe, todo le sonríe y es buen momento para hacer planes. Atesore lo que posee.

Harapos

Si en sueños usted se ve vestido con harapos, es porque sus objetivos y metas no fructificarán y sus planes se verán estropeados de repente. Sufrirá desilusiones por parte de gente con la que se relaciona; puede tratarse incluso de familiares que tratarán de detener sus planes; existen envidias y celos a su alrededor. Los estudiosos de lo onírico recomiendan que sea menos confiado y esté más alerta en todo lo que hace.

Harina

Varios textos europeos afirman que soñar con harina es signo de que vivirá periodos de felicidad y alegría. Si en sueños ve que amasan la harina, es indicativo de que se encuentra en una buena racha económica. Si la ve blanca como la nieve, es porque tendrá felicidad y dicha en su vida. Si la harina tiene mala apariencia, es señal de que deberá cuidarse de algún engaño o traición. Si ve la harina en sacos, es sinónimo de que tendrá fortuna y riqueza.

Hechicero

Durante siglos, los hechiceros aparecen en los libros como personas que ayudan a resolver problemas y a lograr que el futuro sea mejor, o bien simbolizan el apoyo a las necesidades de la gente. Si sueña con uno, es porque usted es una persona muy confiada y espera que la gente dé mucho de sí misma, lo que no necesariamente ocurre. Trate de ver sus problemas de una manera más práctica y busque una solución más realista.

Helicóptero

Si usted se sueña arriba de uno, es porque sus problemas mejoran y su entorno se acomoda plácidamente a su vida. Si lo ve volar, es debido a que las contradicciones por las que esté pasando librarán una batalla campal, y saldrá airoso de cualquier asunto que tenga por resolver. Los helicópteros, según los expertos de lo onírico, son un augurio de cosas positivas que le ocurrirán al soñante. En tiempos de guerra, la gente soñaba obviamente con ver helicópteros; dos terapeutas actuales indican que el significado, en ese momento histórico, era que la guerra se acabaría más pronto de lo que la gente pensaba.

Herencia

Según algunos astrólogos actuales, soñar con recibir una herencia es señal de que en su vida habrá discusiones, seguramente porque hay dinero y bienes de por medio. Este concepto también augura separación y rupturas entre familiares. Si usted en sueños recibe una herencia y la rechaza, es porque su vida experimentará cambios y atravesará por diversas situaciones graves; puede ser que en su familia ocurran desgracias, desde una enfermedad hasta la muerte.

Heridas

En dos textos anglosajones actuales se asegura que, cuando se recibe una herida en un sueño, es señal inminente de que arribarán a su vida pesares y tristezas; puede tratarse desde una enfermedad hasta recibir la noticia de que un ser querido se encuentra agonizando. Si usted, en sueños, hiere a alguien, es sinónimo de que posiblemente perderá a un amigo, pues éste lo ofenderá de alguna manera. Si sueña con ser curado de alguna herida, es porque alguien cercano a usted le dará apoyo en algo que necesite.

Herradura

Durante años, las herraduras han significado bienestar, riqueza y fortuna. Actualmente, los intérpretes de los sueños aseguran que sigue simbolizando lo mismo, sólo que ahora se le agrega la protección y la suerte. Sin embargo, si en sus sueños pierde una herradura, será una señal de que tendrá problemas económicos y financieros, ya sea en su negocio o en su profesión. Si sueña que ve cómo le ponen herraduras a un caballo, significa que pronto se concretarán sus metas y gozará de dicha y felicidad.

Hermana

Para muchos expertos en interpretación de sueños, soñar con una hermana significa que habrá pelea en su casa. Asimismo, señala que tendrá la ayuda necesaria para salir adelante de situaciones que se le venían presentando. Estará protegido por numerosos consejos para terminar con lo que le agobia, y resolverá cualquier circunstancia por difícil que ésta sea.

Hermano

Dos textos antiguos mencionan que, si en sueños se ve a un hermano, es debido a que el soñante está pasando por un momento de conflicto en su vida, pero que va a encontrar una solución a sus problemas. Si se pelea con el hermano, significa que atravesará por un periodo de penas y melancolía. Este sueño pronostica una inminente pérdida o separación, por lo que debe estar alerta para enderezar el camino una vez que se percate de ello.

Héroe

Cuando en sueños usted se vislumbra como un héroe, es porque en este momento de su vida debe enderezar alguna actitud o conducta que no es del todo honesta. Si ve a alguien cercano a usted convirtiéndose en héroe, es porque sus objetivos y metas de trabajo se cumplirán y saldrá airoso de cualquier demanda que tenga. Si es testigo de un acto heroico, el sueño denotará que usted debe ser menos vanidoso y más indulgente.

Hiedra

Existen dos libros españoles que aseguran que la hiedra es un símbolo de que todo está bien con su salud y su dinero. Asimismo, dos terapeutas actuales indican que si usted ve crecer hiedra cerca de su casa, se debe a que tendrá prosperidad y felicidad en su vida. Si ve una hiedra muy grande y sana, significa que cuenta con grandes amigos que lo apoyan en todo lo que necesita.

Hierbas

Cuando en sueños vislumbra hierba grande y sana, es porque en estos momentos se encuentra con prosperidad y buena fortuna. Si la ve seca y amarilla, señala que tendrá algunos problemas económicos. Este sueño lo previene para que se fije bien en las amistades nuevas que hace, pues no son de confianza. Si se sueña cortando hierba, es sinónimo de que debe ser más administrado y no debe despilfarrar el dinero que obtiene con su trabajo. Si sueña que las come, es porque hará malos manejos financieros. Si sueña con hierbas medicinales, es porque sufrirá algunos transtornos de salud.

Hielo

Este sueño tiene distintos significados, lamentablemente todos negativos. Según un astrólogo estadounidense, el hielo tiene que ver con predicciones de desastres y desgracias; por ello, soñar que ve hielo significa que sufrirá decepciones y tristezas; tendrá angustias y mala racha en su vida sentimental o amorosa. Puede sufrir el desamparo de los suyos e incluso puede existir alguna enfermedad de alguien cercano a usted. Ver un *iceberg* (una gran montaña de hielo) augura que se encontrará con diversos problemas en su profesión o negocio, y tendrá problemas de dinero.

Hijo

Soñar que ve a un hijo o que tiene un hijo significa que en su futuro tendrá buena fortuna y la suerte le sonreirá permanentemente; tendrá una posición económica desahogada. Si se sueña peleando con él, es porque tendrá algunos inconvenientes en su trabajo o negocio. Algunos expertos opinan que este sueño demuestra la preocupación que se tiene hacia el hijo.

Hija

Las hijas significan felicidad, prosperidad y buenaventura para sus padres. Si una dama sueña con ver a su hija y aún no la tiene, muy probablemente pronto se embarazará. Si sueña que platica con su hija, el significado dependerá mucho del contexto de dicha plática; si pelean, señala disgustos y desavenencias en la vida del soñante. Si sueña que platican de una forma amistosa, denotará tranquilidad y prosperidad en su vida.

Hipoteca

Según dos libros europeos, soñar con una hipoteca es señal de que pronto contraerá algún tipo de deuda; posiblemente adquirirá un auto, una casa, o algún bien de un valor alto, lo cual vaticina que enfrentará problemas económicos que tendrá que sortear. Por ello, si usted desea evitar estos obstáculos, no compre nada que le vendan, aunque le parezca una ganga.

Hogar

Según algunos expertos en el tema, soñar con el hogar, la casa o el departamento que habita con su familia, su pareja o hijos, es señal de que en ese momento el soñante se encuentra en una etapa feliz y estable, atraviesa por momentos de alegría y paz familiar y está rodeado exactamente por lo que desea. Si sueña que remodela o vende su casa, es porque usted tendrá cambios benéficos para su vida. Este sueño en general implica significados muy positivos.

Hojas

Varios libros que hablan de los sueños dicen que soñar con hojas de árboles señala su salud: todo depende de cómo las vea en sueños, si éstas son verdes y grandes, su salud se encuentra en buen estado; si las ve amarillas, es porque no se encuentra muy bien, padece alguna enfermedad o en breve tendrá algunas molestias. Si las ve rotas o en muy mal estado, vaya al médico pues seguramente pronto padecerá algún problema de salud y si no se atiende a tiempo puede convertirse en algo grave.

Hombre

Los libros antiguos afirman que si una dama joven sueña con un hombre gallardo, es porque tendrá éxito y dinero. Soñar a un hombre feo, es porque la joven tendrá posibles inconvenientes con amistades. Los astrólogos actuales señalan que soñar con hombres no necesariamente significa que la joven tendrá relaciones personales con ellos, o que será seducida por lo distintos varones que conozca; más bien simboliza que conocerá nuevas amistades.

Homicidio

Este sueño, según dos textos anglosajones de los sueños, no representa nada positivo. Si se ve en sueños cometiendo un homicidio, será debido a que en breve usted tendrá problemas muy fuertes por una decisión equivocada y deshonesta que tomó con anterioridad. Si ve un homicidio pero usted no es quien lo comete, es porque podría estar envuelto en serias dificultades de las cuales no saldrá airoso. Deberá tener cuidado en cómo se comporta. Si usted es el que sufre el homicidio, es porque las desgracias rondan su vida. Este sueño se relaciona con enfermedad y muerte.

Homosexual

Existen varios tratados sobre los homosexuales. Al interpretar este concepto en sueños, el tema se relaciona con el hecho de que sus amistades no son muy honestas. Se siente muy deprimido al darse cuenta de ello, se siente utilizado y muy triste. Asimismo experimenta desinterés por la vida y mucha melancolía. Los psiquiatras que estudian estos casos aseguran que no se trata de que vaya a caer en una depresión, pero sí indican que utilice este sueño como advertencia para tener cuidado con su vida y con las personas con quienes convive.

Honorarios

De acuerdo con los estudiosos de los sueños, este sueño no parece ser muy común, debido a que se trata de un tema actual. Si en sueños se vislumbra pagando honorarios a alguien, será porque usted está pasando por momentos económicos difíciles y por varias situaciones que lo hacen experimentar incertidumbre. Si sueña que está recibiendo honorarios, es porque usted espera obtener ganancias de sus amistades.

Hormigas

Las hormigas siempre se han presentado en los diversos libros como las trabajadoras, las que ayudan y apoyan; pero los intérpretes de lo onírico aseguran que significan molestias, contrariedades y preocupaciones en su vida personal, familiar y con las diversas amistades que posea. Dos autores estadounidenses indican que soñar con hormigas denotará éxito y fortuna en el soñante, y que éste tendrá un buen trabajo que le agrade y con buen salario.

Hospital

Cuando en sueños usted se ve en un hospital u observa uno, es porque lo agobian múltiples pensamientos de todo tipo: su familia, sus relaciones personales, su trabajo o negocio, posee deudas y está por tener una enfermedad. Sus angustias están llegando a un grado inimaginable. Por el contrario, si se ve curado pero dentro de un hospital, es porque su vida en general va a mejorar; nuevas amistades y mejores perspectivas de trabajo llegarán a usted, y se sentirá en paz y feliz con los suyos.

Hotel

Soñar con un hotel significa que el soñante se encuentra pasando por circunstancias adversas y paralelas entre sí. Señala un cambio de situaciones en su vida, pero que no llevan el mismo camino y de hecho son opuestas. Otros textos señalan que, si usted se sueña solo o con su pareja en un hotel, significa que llegará a sus manos una buena suma de dinero y se resolverá en su vida alguna circunstancia agobiante.

Hoyo

Si sueña que se cae en uno, significa que tendrá dificultades de muchos tipos, mala fortuna y problemas con los suyos. Si lo ve, es que sufrirá muchas desgracias en su vida, lo que puede ser advertencia para que se comporte de manera adecuada, tanto en su vida profesional como en la de pareja. Si sueña con que salta un hoyo y no cae en él, será porque usted saldrá airoso y triunfante de problemas y adversidades que lo venían preocupando, y su camino se volverá más cristalino.

Huérfano

Si se sueña huérfano, es porque sorteará varias diferencias con la gente que lo rodea; puede tratarse de su familia, de relaciones personales y en su vida profesional o negocio; este sueño advierte que usted debe tratar de comportarse de una manera más cordial y sociable; considere que puede hacer nuevos amigos, los cuales pueden traerle alegría y momentos de paz. Deberá reflexionar acerca de su actitud ante la vida y ser más positivo.

Huevos

Si sueña que ve huevos en una canasta, es porque usted pasará momentos de felicidad, tranquilidad y mucha prosperidad. Si los cocina y se los come, es una señal de que se abstenga de pelear o de entrar en dificultades con los suyos, pues si usted empieza alguna discusión, se la pasará entre riñas y pleitos durante un corto periodo. Si se ve comprando huevos, es porque lo que realice le saldrá tal y como usted lo desea. Si en sueños se ve vendiéndolos, indica que en su hogar hay dicha y tranquilidad. Si se le rompen, es porque tendrá peleas con su familia. Si los ve podridos, significa que será calumniado por alguien cercano. Si ve huevos de pascua, se augura que gozará de enormes satisfacciones y su vida se encontrará llena de paz y gozo.

Huracán

Los sueños de huracanes actualmente han cobrado mucha importancia debido a que han sido frecuentes. Si sueña con ver uno, es porque se encontrará con momentos difíciles, mismos que le costará mucho sacrificio resolver. Tendrá que tomar sus precauciones pues se le augura un tiempo de pesares y melancolías. Debe buscar el apoyo de los suyos para no sentirse contrariado y solo.

Hurtar (ver robo).

Iceberg (ver hielo).

Ídolo

Desde hace muchos años, se han encontrado textos de la interpretación de los sueños que tocan el tema de los ídolos. Ser un ídolo en su sueño indica que sus expectativas de vida se encuentran cubiertas, que aunque sufrió mucho para obtenerlas en este momento de su vida se encuentra con una felicidad inimaginable. Si, por el contrario, usted ve a su ídolo o ídolos favoritos en sueños, será debido a que usted no debe ser tan confiado con personas ajenas, pues pueden traicionarlo. También simboliza que personas allegadas a usted le compartirán una transcendental noticia.

Iglesia

Desde hace muchos años, soñar con iglesias ha sido muy importante y de gran trascendencia, pues señala que recibirá noticias muy agradables en corto tiempo. Si sueña que entra en una iglesia, es porque su vida se verá colmada de dicha y gozo. Si se encuentra rezando en ella, simboliza que está pasando por momentos de tristeza y desavenencias en su vida. Si sueña que asiste a una boda en una iglesia, es porque tendrá situaciones alegres con su familia. Si sueña que sale de una iglesia y que después le es imposible entrar, es porque usted tiene ciertas diferencias con su familia, en su profesión o negocio, que debe resolver.

Impotencia

Los terapeutas actuales aseguran que, si usted sueña que padece impotencia física, será porque últimamente ha hecho muchos sacrificios y esfuerzos, mismos que se reflejan con un gran cansancio. Si se trata de impotencia moral, significa que ha pasado por algunas desilusiones que lo han agotado mentalmente. Si se trata de impotencia sexual, es porque su vida en ese sentido no tiene ningún problema: usted se encuentra en un estado de salud muy bueno y fuerte. Un libro que habla acerca de la teoría sexual y la impotencia varonil, dice que si se ve en sueños con un grado de impotencia, es porque recibirá una fortuna o herencia.

Imprenta

Se han reportado sueños relacionados con imprentas desde hace muchos años; estos auguran que personas cercanas le confiaran sus más íntimos secretos. Usted es gente de confianza absoluta, actúe como tal. Este sueño es una advertencia para que siga actuando de una manera honesta y honorable.

Un texto europeo resalta que los sueños con imprentas lo alertan acerca de habladurías de la gente contra usted.

Incendio

Según los intérpretes de lo onírico, un incendio indica que sus bienes se verán alterados de alguna manera. Ver en sueños un incendio denota que su vida se verá asaltada por circunstancias adversas que dañarán sus pertenencias. Asimismo, ver un incendio puede simbolizar problemas y diferencias con su familia o gente allegada a usted. Un incendio indica cambios y movimientos en la vida del soñante; si ve que el incendio está terminando, indica que sus problemas serán menores y su situación actual mejorará.

Incesto

Durante años se ha estudiado este concepto, pues no es algo que resulte muy positivo; es una advertencia acerca de cosas negativas, problemas y desgracias, funerales y diversas enfermedades. Augura problemas en el hogar, con su familia y en su lugar de trabajo o negocio. Dos psicoterapeutas actuales destacan que al soñante se le avecinan tiempos dolorosos y de pesares en todo lo que realice, y también en todo lo que se relacione con su persona.

Indecente

De acuerdo con dos estudiosos europeos de lo onírico, este sueño advierte al soñante que sus comportamientos recientes no son decentes ni honestos. Si una mujer se sueña siendo indecente, es porque deberá modificar su actitud hacia los demás y tratar de comportarse correctamente. Si es el hombre quien sueña con indecencia, es porque está haciendo algo negativo en su trabajo o negocio. Este sueño, según explican los expertos, tiene que ver con el comportamiento, los valores y principios de las personas.

Infección

Si usted se ve en sueños con alguna infección de cualquier tipo, es porque se le está advirtiendo que deberá tener cuidado con lo que hace y con la manera como se comporta, pues en su vida familiar y de pareja hay malentendidos y circunstancias que pueden poner en peligro su relación, provocar rupturas y hasta separaciones. Terapeutas actuales proponen que, si sueña este concepto, debe poner mucha atención en cuidar de su entorno.

Infidelidad

Cuando en sueños usted es la víctima de una infidelidad, significa que su relación afectiva se encuentra en una muy feliz situación, muy estable y sin problemas, y que en su hogar reina la felicidad.

Si usted se ve siendo infiel en sueños, es una señal para que ponga atención a su pareja y a su vida conyugal, pues al parecer la está descuidando por otras actividades que carecen de importancia.

Infierno

En muchos escritos aparece el infierno como símbolo de tentación, pero la interpretación es distinta. Si usted en sueños ve el infierno, es porque sus circunstancias actuales se verán modificadas, tendrá ciertos problemas, diferencias y cuestionamientos a corto plazo. Si se ve en sueños entrando al infierno, será porque las personas que lo rodean lo molestan e intrigan en su contra. Si se ve saliendo del infierno, indica que todo lo que haga le saldrá bien, superará obstáculos que tenía en el camino, tendrá mucha fortaleza y triunfará.

Injurias

Para dos intérpretes de lo onírico que se dedican a descifrar los conceptos negativos, las injurias demuestran una actitud de ofensa y maldad por parte del soñante. Debe comportarse de manera más adecuada y tranquila. Estas actitudes no llevan a nada más que a la violencia, a las maldiciones y a la mala fortuna. Evítese un mal rato y mejor trate de conducirse de una manera más positiva.

Injusticia

Los libros antiguos hacen referencia a que, si se sueña cometiendo injusticias, pasará algunas dificultades con la gente con la que tiene contacto sentimental, pues su forma de darle fin al asunto no es la más recomendable. Si sueña que es víctima de alguna injusticia, es señal de que experimentará una mala racha, envidias, celos y el egoísmo de personas que se encuentran a su alrededor.

Insectos

Cuando en sus sueños aparecen insectos de cualquier tipo, es porque tendrá algunos conflictos que le harán pasar algunas preocupaciones, posibles celos e intrigas en contra suya. Si sueña que algún insecto lo pica, significa que alguien querrá sabotearle sus planes de algún negocio o en su profesión; tenga cuidado con las personas a las que les comenta sus planes, pues querrán tomar ventaja y quedar bien con el trabajo y sacrificio que realizó usted.

Insulto

Varios textos actuales señalan que soñar con insultos es presagio de buena suerte para usted; muy probablemente su vida se colmará de dicha y satisfacciones. Dos antiguos libros europeos indican que el soñante tendrá actitudes viscerales que no lo llevarán a nada concreto, debido a que piensa muchas cosas pero no cristaliza sus ideas; se recomienda utilizar este sueño como presagio y evitar cuestionar circunstancias sin razón para no salir contrariado.

Inundación

Si usted en sueños percibe que su casa, departamento, cabaña o el lugar que habita se inunda, es un muy mal presagio, ya que en corto tiempo tendrá discusiones con su familia, reñirá y se sentirá muy preocupado. Sus bienes materiales se verán seriamente afectados y usted se encontrará severamente contrariado. Sentirá mucha presión en su vida y no podrá estar tranquilo; sufrirá y lo embargará una gran tristeza que lo llevará a derramar muchas lágrimas.

Invitación

Si usted recibe una invitación, es porque tendrá buenas nuevas, frecuentará distintas reuniones donde se encontrará con gente con la que hace mucho tiempo no se reunía, gozará de felicidad y buen humor. Si usted es el que invita a un evento determinado, indica que sorteará a un par de personas, las cuales no son precisamente las que poseen mejores principios y valores. Tome esto último como advertencia y tenga cuidado con las personas con las que se reúne.

Isla

Cuando vea una isla en sueños, es porque realizará en breve un viaje a otros países; incluso puede tratarse de un viaje muy largo a países lejanos. Si en su sueño se refugia en una isla por cualquier motivo, significa que su interior siente una gran necesidad de tranquilidad, serenidad y quietud. En muchas ocasiones, su cuerpo le está exigiendo un descanso pleno, exento de realizar las diversas actividades cotidianas.

Jabón

Los intérpretes de los sueños aseguran que, si sueña con jabón para el cuerpo o para las manos, es porque usted tendrá en su poder la habilidad para resolver cualquier problema, rencilla o dificultad que le quieran poner en su camino. Nada se le escapará. Saldrá airoso de cualquier situación y contará con los suficientes argumentos para no discutir por ninguna circunstancia.

Jamón

Si sueña que come jamón cocido, es porque tendrá ganancias de dinero en todo lo que emprenda, mejorará notablemente su situación financiera y se mantendrá de esta manera durante un largo periodo de tiempo. Cristalizará logros y metas. Si sueña con jamón crudo, indica que se enfrentará con algunos problemas y diferencias con gente que se encuentra alrededor suyo; ponga atención en quienes lo rodean y no confíe a la primera, pues tratarán de contrariarlo.

Jardines

En muchas culturas, los jardines siempre han evocado vida, éxito y prosperidad. Actualmente se piensa que, si usted vislumbra en sueños un hermoso jardín amplio, grande, lleno de flores y plantas, indica que será bendecido con riqueza, éxito y buenaventura en general. Si, por el contrario, observa un jardín descuidado y con mal aspecto, sin árboles ni plantas, usted pasará por momentos de melancolía, tristeza y mala salud. Si ve en sueños un jardín rodeado con alambre o muros, denota que llegará a usted apoyo y protección de una persona con influencias que desea que se sienta a gusto y bien atendido.

Jaula

Si en sueños ve una jaula con pájaros, es que no existe una buena relación entre usted y su familia, y debe reforzarla. Si ve una jaula con animales salvajes, es que las personas con las que últimamente no tiene buena relación buscarán suavizar y limar asperezas; eso es un buen augurio para sus relaciones interpersonales. Si vislumbra una jaula vacía, es porque existen dificultades, tristezas y contrariedades en su vida. Si la jaula tiene animales de circo, significa que en la vida hay distintas formas de peligro y advierte que se mantenga alerta de lo que le pueda suceder.

Joyas

Todo el mundo pensaría que, como son hermosas las joyas, son los tesoros más preciados de mucha gente. Como en miles de cuentos las princesas y reyes salen ataviados con ellas, puede pensarse que simbolizan abundancia y buena suerte; la realidad es que es precisamente lo contrario: si ve joyas en sueños es porque sus deseos, metas y objetivos no se cumplirán. Pero si sueña que pierde sus propias joyas, significa que alcanzará la buenaventura y la fortuna.

Juegos

Si usted se vislumbra en sueños jugando cartas, significa que posee una capacidad asombrosa para que los demás hagan exactamente lo que usted desea. Si se ve jugando juegos de azar, es porque la gente lo manipula y carece de voluntad propia. Si está con juegos de reflexión, es señal de que discutirá con adversarios difíciles de vencer. Si juega con niños, se debe a que usted vive una realidad que no es la suya, vive en castillos de hielo y de ilusiones cuando la realidad es otra.

Judíos

En muchos textos oníricos se habla de los judíos. Si usted sueña que ve hombres judíos, es porque se encuentra en una situación de contrariedad en su vida, trata de sobresalir de los demás pero le falta autoridad. Si sueña con damas judías, es porque pasará momentos de discusiones y diferencias con la gente que lo rodea, tendrá problemas y momentos de tristeza y soledad, los cuales deberá resolver a la brevedad para que no crezcan y después sean más difíciles de solucionar.

Juez

Cuando en sueños se vislumbra hablando con un juez o en un juzgado, significa que está teniendo problemas con sus actividades actuales. Este sueño advierte que tenga cuidado con lo que realiza y con las circunstancias en las que está involucrado. Si se ve con un juez pero usted dirije el asunto que se está tratando, indica que será muy criticado y que las cosas no saldrán como piensa. Actúe con cautela.

Juguetes

Cuando en sueños vislumbra juguetes nuevos, fuertes o en buen estado es de muy buena suerte, pues le auguran éxito y fortuna: se cristalizarán todas las metas que se ha propuesto. En su vida familiar tendrá mucha felicidad. Existen dos textos estadounidenses que aseguran que, si sueña con juguetes dañados o rotos, significa que posiblemente recibirá noticias de que alguien cercano a usted padecerá enfermedades; también se dice que, si los juguetes se ven en mal estado, su relación sentimental sufrirá cambios.

Juventud

Según dos estudiosos de las teorías de Freud, cuando usted se sueña joven o que convive con personas jóvenes, es una advertencia de que necesita dedicarse más a usted mismo y a vivir la vida sin tanta preocupación; usted es una persona muy aprehensiva y necesita tener más libertad para desarrollar otras tareas que han pasado por su mente, pero que no se atreve a hacer. Siente mucha presión por su familia y su pareja. Trate de respirar y mirar hacia delante. Distráigase lo más posible.

Kayak

Según dos intérpretes actuales de los sueños, este concepto ha sido incluido en varios diccionarios de sueños pues cada vez son más los reportes de estas lanchas deportivas en los soñantes. Si usted sueña que va en un *kayak* en un río, mar o en los rápidos, señala que saldrá vencedor en todo lo que haga y que sus objetivos resultarán tal y como los ha planeado. Todo lo que realice tendrá éxito y fortuna. Asimismo, si sueña que conduce un *kayak* con temor y que se voltea en el río, mar o donde se halle, será porque se enfrentará en breve con algún tipo de problema.

Kermesse

Según dos libros europeos, verse en una *kermesse*, ya sea en una iglesia, escuela o lugar de recreo, significa que usted tiene varias dificultades en su profesión o negocio. Las cosas no le han salido como las planeó, están fuera de control y debe cuidarse de las personas que le rodean pues, al parecer, han hecho malos manejos y han destruido proyectos; mismos que usted creyó que avanzaban sin contratiempos. Tendrá que hacer reestructuras y poner orden.

Knock-out

Este concepto cada vez aparece más en las interpretaciones de los sueños, debido a que actualmente hay mucha gente que realiza diversas prácticas de *box* o *kick boxing*, por lo que soñar que es usted vencido, significa que tendrá que librar algunas batallas con personas que se encuentran a su alrededor; puede tratarse de intrigas y celos en su trabajo o negocio. Si, por el contrario, sueña que usted vence a alguien en un ejercicio o combate, todo lo que realice le saldrá tal y como usted lo desea, y gozará de éxito y fortuna.

Laberinto

Entrar, permanecer o perderse dentro de un laberinto significa que usted tendrá dificultades. Pero cuando se ve que sale del laberinto, se augura que se solucionarán algunos inconvenientes que se le venían presentando. Saldrá airoso de discusiones o situaciones incómodas que le molestan. En algunos textos anglosajones se asegura que estar perdido en un laberinto significa que que se encuentra en problemas con su pareja.

Labios

Ver en sueños un par de labios bien cuidados, con color y brillo, significa que usted gozará de tranquilidad, felicidad y éxito en su trabajo o negocio, y con sus seres queridos.

Por otra parte, si vislumbra en sueños unos labios desgastados, secos y feos, es señal de que tendrá hostilidad a su alrededor. Si sueña con unos labios mordidos o sangrantes, es porque sufrirá un engaño.

Ladrones
Para los terapeutas contemporáneos, soñar que unos ladrones asaltan su casa significa que usted realizará o concretará en breve algunos negocios. También simboliza que cambiará u obtendrá el trabajo que buscaba. Para algunos estudiosos de lo onírico, es una especie de señal para prevenir que posibles adversarios quieran hacerle algún daño.

Lago
Cuando en sueños observa un lago, significa que usted tiene cuestiones por resolver que ha dejado inconclusas. Si ve un lago limpio y con aguas cristalinas, se trata de que sus ilusiones se realizarán como usted lo ha soñado; si vislumbra un lago con aguas sucias o con basura, será debido a que en un futuro inminente atravesará por tristezas. Las penas y la melancolía lo invadirán y tendrá posibles problemas de salud. Si sueña con cruzar o atravesar un lago, es señal de que vienen cambios favorables a su vida y su suerte mejorará notablemente.

Lana
Según dos terapeutas actuales, soñar que se le quita la lana a un borrego augura una estabilidad económica inmejorable. Si se ve trabajando la lana, es porque su bolsillo se verá beneficiado por varios negocios que realice, o bien, en su trabajo le darán un bono o gratificación extra. Si sueña que trae puesta una prenda de lana, será señal de que en su vida abundará la felicidad y la buenaventura.

Langosta

Un libro europeo menciona que, si ve una langosta viva, es porque su vida se encuentra llena de celos e intrigas de personas de su familia con quienes trata a menudo. Si la ve en un plato, lista para comerse, simboliza que su vida se verá colmada de reuniones, fiestas y alegría. Usted se verá haciendo nuevas amistades, todas ellas positivas. Asimismo, si estaba distanciado de alguien de su familia o de algún amigo muy querido, pronto se reunirá con esa persona y afianzarán nuevamente su amistad.

Lavar

Este sueño es muy recurrente entre muchas personas. Dos investigadores actuales aseguran que, si usted se ve lavando con algún tipo de jabón, se verá implicado en algunos problemas de tipo legal que tendrá que enfrentar; no tendrá mayor dificultad pero deberá estar presente si es requerido en algún litigio. Si ve lavar a una persona, es debido a que, si usted desconfiaba de alguien en su profesión o negocio, se resolverá cualquier tipo de conflicto que hubiese. Lavarse los pies o los de otra persona significa que se reencontrará con alguien de quien estaba distanciado, y asumirá que era responsabilidad de usted el alejamiento. Si sueña con lavar ropa, terminarán las rencillas familiares, si es que las tenía.

Leche

Este sueño es de buen augurio. Desde la antigüedad se le atribuyen mensajes positivos y de buenaventura. Si usted sueña que toma un vaso de leche, que prepara algo con ella o que le da a alguien un vaso de leche, significa que su vida se colmará de alegría y felicidad. Si se ve bañandose con leche, será que usted desea cambiar muchas cosas de su comportamiento que no le parecen del todo acertadas y tratará de obrar bien. Si sueña con leche echada a perder, sorteará en corto tiempo algunas circunstancias de celos e intrigas que no le darán mayor problema.

Lecho

Varias son las interpretaciones que posee este concepto y se refiere a su vida personal, de relaciones de pareja o familiares. Si ve su lecho limpio y le inspira tranquilidad, será porque se encuentra muy feliz con su pareja, y hay paz y dicha. Si lo ve sucio o desordenado, es debido a que pasará algunos problemas de tipo sentimental, y se habla incluso de separación o distanciamiento. Si se sueña sentado en la orilla de su cama, es porque usted se encuentra con contrariedades en su vida afectiva y no sabe con precisión cómo actuar. Si ve la cabecera de su lecho, llegará a su vida un periodo de circunstancias negativas.

Lectura

Diversas son las señales que posee este concepto en sueños; se sabe que indica éxito y fortuna por logros obtenidos. Si sueña que lee un libro o que comparte determinadas lecturas con otras personas, significa que en su vida se presentarán cambios y transformaciones; hará nuevas amistades que serán muy provechosas para su actividad diaria. Algunos textos europeos sugieren que también puede tratarse de que la persona intentará cultivarse más, ya sea estudiando alguna nueva materia, o bien, tomando un diplomado o alguna especialidad de grado académico superior al actual.

Lengua

Este sueño puede advertir que alguien intriga en contra suya. Si ve su propia lengua en sueños, es porque tendrá suerte con alguna promoción en su trabajo, o bien, tendrá suerte en algún negocio que realice. Si no puede hablar en sueños y trata de hacerlo pero descubre que se encuentra incapacitado para usar su lengua, es señal de que experimentará algunos problemas y rencillas en corto tiempo. Si la ve cortada, es porque realizará algún acto donde usted será el responsable. Si se ve mostrándole la lengua a alguien, simboliza que en corto tiempo una persona tratará de sobajarlo y humillarlo.

León

Cuando en sueños usted ve un león y éste se encuentra libre, es porque usted está a punto de involucrarse con alguien que le propondrá un negocio de tipo ilícito; este sueño le advierte que tenga cuidado. Si usted o alguien más caza un león en sus sueños, es debido a que usted es una persona que persigue sus objetivos y logra siempre lo que se propone. Si es atacado, señala que está por presentársele un peligro; puede ser también que alguien trate de dañarlo. Si lo ve enjaulado, es porque en corto tiempo usted recibirá apoyo de personas cercanas a usted. Si ve que están amaestrando a un león, será porque usted es muy respetado por los demás.

Libertad

Cuando usted se sueña con libertad o sueña que necesita libertad, significa que su vida y mente pasan por serias dificultades; se siente cercado, y algo o alguien no le permite desarrollarse en completa libertad; se siente coartado. Si ve que una persona cercana a usted necesita ser liberada, simboliza que de repente le llegará la fortuna y el éxito. Su vida se colmará de buenaventura, felicidad y alegría, y tendrá mucha suerte en todo lo que emprenda.

Librería

Para dos intérpretes actuales de los sueños, soñar con una librería o verse haciendo alguna actividad dentro de ella, como comprar libros, señala que si usted tenía algunos proyectos sin cristalizar y no concretados, de repente van a cambiar de rumbo y los verá realizados de manera inminente. Revolucionará la visión de su vida en general, modificará sus circunstancias, tal vez tendrá algún cambio de carrera o un nuevo giro en su negocio. Usted realizará cosas distintas.

Libros

Soñar con libros tiene diferentes significados. Desde tiempos antiguos, algunos estudiosos de las teorías de Freud coincidían en que se trata de suerte, fortuna y éxito en todo lo que emprenda el soñante. Si sueña con comprar un libro, es porque a su vida llegan nuevas oportunidades para su negocio o profesión. Si sueña que está leyendo libros de literatura o novelas, indica que estará muy satisfecho en todo lo que realice y su vida será muy tranquila y ecuánime. Si se sueña comprando libros escolares, es indicio de que su profesión le llevará por nuevos caminos y tendrá más responsabilidades en la actividad a la que se dedique. Contrariamente, si ve un libro quemado, roto o en malas condiciones, significa que recibirá malas nuevas en breve.

Limpieza

Cuando en sueños ve mucha limpieza o se ve limpiando cualquier cosa, es porque usted emprenderá actividades distintas a sus quehaceres cotidianos y verá la vida de diferente forma; hará un recuento de las actitudes negativas y tratará de enmendarlas. Realizará un profundo examen de conciencia que lo llevará a pensar de una manera totalmente positiva, honesta y clara, que lo conducirá a sentirse muy feliz consigo mismo. Habrá muchos cambios favorables en su vida y la suerte estará de su lado.

Loco

En muchas teorías freudianas se habla sobre la interpretación de los sueños con referencia a verse loco o tener un grado de locura. Este concepto se relaciona con el hecho de que su vida se verá irrumpida por una temporada de incertidumbres y contradicción; por momentos sentirá una profunda felicidad y se presentarán cosas positivas en su vida, y también tendrá momentos de melancolía y mucha tristeza. Si en sueños vislumbra a otras personas en estado de locura, es debido a que gente que le rodea tratará de obrar en contra suya. Cuídese de las personas con las que convive.

Lodo

Soñar con lodo augura que tendrá algunas rencillas y pequeñas dificultades relacionadas con su economía y finanzas. Cuide mucho su dinero y dónde lo invierte. Este sueño es pronóstico de que algo grave puede ocurrirle en relación con su vida personal y de pareja; tratarán de dañarlo con envidias y celos. Posiblemente inventen cosas en su contra para que usted se desestabilice, desconfíe y juzgue mal a algunas personas. Cuide sus compañías y evite relacionarse con personas deshonestas y negativas.

Lotería

Este sueño tiene un significado contrario a lo que podría suponerse. Soñar con este concepto simboliza que usted vivirá circunstancias negativas, no se cumplirán las metas que se haya propuesto, tendrá mala racha y mala fortuna dentro de un corto periodo de tiempo.

Lucha

Soñar con ganar una lucha señala que saldrá airoso en todo lo que realice. Triunfará sobre los demás y sus sueños se verán cristalizados. Si sueña con perder una lucha, significa que su vida tendrá diversas incertidumbres y malas nuevas, sufrirá de disputas, pequeñas rencillas entre familiares y amigos, y sorteará diversas dificultades en su profesión o negocio. Se sentirá desamparado y solo, lo invadirá mucha tristeza, aunque sea durante poco tiempo.

Lujuria

Este sueño tiene diversos significados; según dos estudiosos actuales de lo onírico, se relaciona con los placeres de tipo sexual y carnal, y tiene que ver también con el lujo, las cosas caras y hasta lo inalcanzable. También se relaciona con problemas familiares y con contrariedades financieras del soñante. Augura mala fortuna en el amor, posibles deudas y relaciones personales muy conflictivas que lo meterán en muchísimos problemas, por lo cual debe mantenerse alerta.

Luna

Durante años se ha sabido que soñar con la Luna es señal de que casi todas las cosas que lleguen a su vida serán positivas. Si en sueños la ve llena, es porque su vida sonreirá y tendrá mucho éxito en todo lo que emprenda. Si ve la Luna crecien-te, es porque su vida se encuentra plena; su vida sentimental es muy estable y feliz. Si es Luna menguante, sus ilusiones se verán cumplidas; si en su vida algo le incomoda, esto desaparecerá y se sentirá afortunado. Si ve un eclipse de luna, es porque tendrá algunos problemas por resolver. Si ve una luna roja, es señal de que deberá tener cuidado ante posibles amenazas. Si la ve reflejada sobre el agua, es porque de repente se verá favorecido con dinero que llegará a sus manos. Si siente que está en la Luna, caminando o habitando en ella, es porque se siente muy solo y desamparado.

Llamada, llamar

Si el sueño se refiere a recibir una llamada o uno mismo llamar a alguien, se trata de una señal negativa pues representa un peligro próximo. Se sentirá sin salida y contrariado, y circunstancias desfavorables lo estarán angustiando. Si en sueños siente que lo están llamando, incluso si sueña que algún familiar ya fallecido lo está llamando, será porque en su vida se presentarán noticias que usted deberá saber y comunicar a los demás.

Llaves

Cuando una persona sueña que tiene llaves, es porque hay mucha estabilidad en su vida y también cuenta con el apoyo de la gente que lo rodea. Si sueña que utiliza llaves, es porque está pasando por momentos de incertidumbre y dudas de cualquier tipo. Si pierde sus llaves o las de alguien más, es señal de que tiene problemas por resolver y se siente muy agobiado. Si encuentra llaves que tenía perdidas, es que algo pendiente se concluye sin ningún problema.

Llorar

Soñar con lágrimas y sollozos significa que usted está pasando por diversos problemas que lo tienen agobiado y preocupado, se siente triste y muy solo. Si en sueños se ve llorando de alegría, es porque su vida le sonríe tranquilamente; usted pasa por momentos de placer y felicidad. La gente que lo rodea lo aprecia mucho, tendrá momentos de éxito y concretará de planes; gozará de mucha suerte en todo lo que realice.

Lluvia

La lluvia, según dos textos españoles, le augura melancolía, penas, momentos muy problemáticos en su vida y muchas dudas. Si se encuentra con una lluvia moderada, significa que los problemas por los que pase no serán tan graves. Si sueña con una lluvia fuerte, es porque se encuentra muy angustiado debido a varias circunstancias que le aquejan. Si en sus sueños descubre una tormenta, simboliza que muchas situaciones negativas llegarán a su vida.

Madre

Si el soñante vislumbra a su propia madre sonriente y feliz, simboliza una advertencia de tipo favorable que se traduce en que usted tiene una vida estable y tranquila. Algunos estudiosos de lo onírico aseguran que, si ve a su madre enferma en sueños, es porque en su vida todo se encuentra tranquilo, pero deberá cuidar de no caer en excesos.

Maestro

Desde tiempos remotos se sabe que soñar con un maestro de escuela augura que al soñante se le presentarán cosas agradables y positivas en su vida, también es una especie de sugerencia para que complete alguna asignatura pendiente que venga arrastrando, incluso que se titule si no lo ha hecho, o bien, para que continúe con algunos estudios profesionales más elevados a los del nivel en el que se encuentre. Si en sueños usted se ve dando clases, es porque sus metas y objetivos se concretarán en un corto periodo de tiempo. Si en sueños vislumbra a un maestro que no le es conocido y le está dando clases, es porque deberá resolver algunas circunstancias que tiene pendientes o ciertas situaciones que ha dejado inconclusas. El sueño le advierte que debe cerrar círculos y cumplir con lo que se propone; la señal aquí es que alguien se lo está indicando y muy probablemente se trata de una persona que no conoce.

Mago
Desde tiempos antiguos mucho se ha hablado sobre los magos y la magia. En general, señala que el soñante se mantiene de manera tranquila y estable en lo que realice, y que su profesión o negocios se encuentran sin mayores problemas. De cualquier manera, no deberá confiarse de su estado actual; deberá estar y mantenerse alerta ante cualquier cambio o situación; tenga cuidado con las personas en las que confía.

Mal
Cuando alguien sueña con maldad o con algún tipo de daño que le quieren hacer, o bien el soñante se ve en sueños haciendo algún tipo de mal, simboliza que inminentemente se encontrará ante algunas circunstancias que tendrá que solucionar, ya sea en su profesión o negocio. Este sueño es una alerta para que el soñante cuide bien sus pasos y se comporte de manera honesta en los negocios que maneja, o en su lugar de trabajo.

Maletas (ver equipaje).

Manos

Cuando en sueños vislumbra unas manos bonitas y cuidadas, es debido a que usted se encuentra en una etapa de felicidad y buenaventura. Si ve unas manos feas y maltratadas, es porque usted es una persona que persigue metas y objetivos, y sus ideales se cristalizarán sin mayor sacrificio. Las manos limpias indican sentimientos positivos por conducirse de una manera honesta y honorable. Si ve manos sucias, es porque tiene diversas contrariedades en su vida. Si están velludas, significa que tendrá malas noticias en corto tiempo. Si pierde una mano o ve que alguien la pierde, es porque se le augura alguna enfermedad. Si se lava las manos, es indicativo de que deberá encontrar varias salidas a sus problemas. Si sueña que le besan la mano, es porque se rodeará de gente mentirosa e hipócrita.

Manuscrito

Es sabido que, entre las personas que se dedican a escribir o a la literatura, soñar con manuscritos es algo muy recurrente; incluso es común que sueñen con que una obra determinada que realizaron no la verán publicada jamás; por el contrario, hay quien se dedica a las letras y a menudo sueña con publicar todo lo que escribe. Si sueña que un manuscrito se rompe, quema o maltrata, es porque le publicarán todo lo que realice. Si sueña con no terminar de escribir algún texto o manuscrito, es que tiene que resolver cosas pendientes que ha dejado de hacer; incluso puede tratarse de que debe terminar algún texto pendiente.

Maquillaje

Muchos son los sueños que se han reportado relacionados con maquillaje, y no sólo de mujeres, también muchos hombres se han soñado maquillados o que los maquilla una mujer, aunque no necesariamente se dediquen al mundo del arte. Dos estudiosos anglosajones señalan que este sueño significa que a su alrededor se encuentran personas que son negativas para su vida y deberá evitarlas, pues tratarán de intrigar en su contra por celos y envidia.

Máquina

Si en sueños ve una máquina del tipo que sea, en buen estado, es porque su vida se verá colmada de satisfacciones y halagos, y pasará por agradables momentos. Si ve una máquina descompuesta o parada, es que muchas cosas negativas están por ocurrirle, tendrá una mala racha y posibles inconvenientes en su trabajo. Necesitará demostrar muchas cosas ante los demás para cambiar la imagen negativa de su persona.

Mar

Soñar con un mar calmado y tranquilo significa que su vida se encuentra rodeada de cosas buenas; es estable, feliz y con mucha serenidad. Si ve un mar agitado, será debido a que pasará por momentos de estrés y angustia, y algunas penas asaltarán su vida. Si se sueña cayéndose en el mar, es porque llegarán diversos cambios a su vida. Si se ve ahogándose, es porque llegarán malas noticias a su vida. Si se ve nadando en el mar, es porque sus proyectos y metas se concretarán y tendrá suerte en lo que realice.

Marido

Si sueña con su marido, es porque se encuentra en momentos estables con él y su situación de pareja es feliz y sin inconvenientes. Si sueña que se enoja con él o que lo descubre en situaciones adversas, es debido a que, en el momento del sueño, usted vive con él diferencias y pequeños pleitos, mismos que es preciso resolver para que no crezcan más con el tiempo.

Si sueña con tener un marido y usted es soltera, simboliza que conocerá a alguien con quien estrechará relaciones.

Marionetas (títeres).

Cuando en sueños ve títeres en un teatro, o en cualquier otro sitio, o ve que a usted lo están manejando como si fuera un títere e incluso se ve con hilos que lo mueven, es debido a que se encuentra en un momento muy confuso en su vida. Atraviesa por diversas contrariedades que le causan incertidumbres y dudas todo el tiempo, y las personas que se encuentran a su alrededor no son precisamente las más positivas. Así que debe alejarse.

Mariscos

Si sueña que los observa vivos, es señal de que tendrá mucha tranquilidad y alegría. Su vida pasa por un periodo de paz y felicidad, y su momento profesional o de negocios es bienaventurado. Si los ve muertos, será debido a que sorteará momentos de estrés, contrariedades e incertidumbres que le hacen muy difícil el camino para concluir sus metas. Tendrá que enfrentarse con un par de inconvenientes en su vida, pero saldrá airoso.

Máscara

Dos psicoterapeutas actuales señalan que, si usted sueña una máscara, o si alguien más la trae puesta, es debido a que frecuenta amistades que no son del todo honestas, ocultan muchas cosas que desconoce y no son precisamente las personas más honorables. Se trata de personas hipócritas que le dan una cara y, cuando usted no se encuentra con ellas, hablan a sus espaldas. Este sueño lo alerta para que verifique a quién le está confiando sus más íntimos secretos.

Matar

Es sabido por muchos estudiosos de lo onírico que soñar con muerte o con matar a alguien significa que el soñante disfrutará de una larga y tranquila vida.

También tiene otras interpretaciones como, por ejemplo, que si se mata a alguien cercano es porque el soñante se encontrará con algunos problemas que tendrá que resolver, o bien, que experimentará enfermedades que ameritarán la atención por parte de un médico. En un texto español se asegura que este sueño se relaciona con cambios y reestructuras en la vida del soñante.

Medicamentos

Si sueña que toma medicamentos, es porque está solucionando los problemas y situaciones que lo venían aquejando. Se resolverá todo de una manera adecuada y no sufrirá ninguna contrariedad. Ya sea que se vea tomando algún medicamento, yendo al doctor o a que le recetan algo, o también que vea que alguien cercano a usted toma medicamentos, le asegura que saldrá airoso de cualquier circunstancia que le estaba molestando.

Médico

Soñar con ir al médico o verlo indica que usted tiene muchas dificultades en su vida, que son casi imposibles de resolver. Personas a su alrededor, con quienes no tiene mucho contacto, tratarán de ayudarle y brindarle su apoyo. Reciba su ayuda, ya que ésta es totalmente desinteresada. Por otra parte, si se sueña siendo médico, simboliza que sus problemas actuales, se resolverán en poco tiempo y los superará con facilidad.

Mentiras

En varios libros se refiere que la mentira simboliza traición, mala voluntad, sentimientos negativos que se encuentran alrededor de su vida, y puede augurar también que gente a la que frecuenta habla mal de usted a sus espaldas, esto si es a usted a quien le están mintiendo en sus sueños. Si usted es el que dice las mentiras, es porque su comportamiento no es correcto y no está actuando ni desarrollándose de manera honesta. Cambie de amistades y frecuente personas positivas para su vida.

Mercado

Dos libros europeos aseguran que ver en sueños un mercado limpio, que ofrece diversos productos y lleno de gente, señala buena esperanza, tranquilidad y alegría. También señala que el soñante tendrá nuevas amistades y conocerá personas que serán positivas en su vida. Si, por el contrario, el mercado se encuentra sucio, sin gente y en un ambiente hostil, se refiere a que el soñante tendrá algunos problemas de salud, pérdidas de dinero y algunas contrariedades.

Mètro

En general, puede decirse que este sueño es más bien de tipo actual. Un terapeuta español indica que, cuando en sueños se ve el metro, el soñante tendrá algunas incertidumbres en torno a su vida, no ve nada claro y le aquejan muchas contrariedades. Si se ve en sueños tomando el metro, será porque se avecinan cambios en su vida. El significado real del sueño dependerá mucho del contexto en el que se sueñe. Si ve que alguien se arroja al metro, es que su vida se tornará distinta y se le presentarán diversas alternativas. Usted podrá elegir la que más le convenga.

Miedo

Cuando en sueños usted siente miedo, es porque le aqueja algo grave en su vida y puede tratarse de una situación delicada. Muchas personas se encontrarán alrededor suyo para apoyarlo y usted no sentirá desconsuelo. Un libro europeo asegura que sentir miedo en un sueño indica que el soñante verá culminadas sus metas y se sentirá muy orgulloso de sí mismo. Realizará actividades difíciles, mismas que le ayudarán a sentirse una persona de gran valor y entusiasmo.

Moda

Si se sueña muy interesado en la moda, es porque usted tiene una gran urgencia de salir del mundo en el que se encuentra. Necesita cambios benéficos en su vida, desea salir del fastidio y del desinterés. Soñar que asiste a un desfile de modas es presagio de que el soñante tendrá una larga y fructífera vida. Asimismo, se dice que si ve prendas de moda en algún almacén o vitrina, es porque las relaciones con sus familiares no se encuentran en perfecto estado.

Montaña

Si en sueños ve una montaña, es porque tendrá que sortear algunas diferencias en su trabajo o negocio. Si la sube, es debido a que su trabajo, profesión o negocio va por muy buen camino; si llega a la cima, sus logros se verán cristalizados. Si se ve bajando de ella, será porque su vida se encuentra en plenitud y está pasando por un buen momento, pues en su hogar reina la paz y la felicidad. Si cae de ella cuando esté escalando, indica que tendrá algunos inconvenientes en breve.

Mordaza, amordazar

Cuando usted vislumbra en sueños a una persona amordazada, es porque los problemas que se le habían presentado llegarán a una pronta solución. No por ello se confíe y esfúercese por realizar bien las cosas. Si, por otra parte, en su sueño usted es quien aparece amordazado, es debido a que necesita desarrollar sus planes con mucha cautela; por ello no todo está resultando como usted pretende.

Moscas

Soñar con moscas significa que a su alrededor existen personas envidiosas y celosas; podría tratarse de sus propios vecinos, aun cuando se lleve bien con ellos. Si las atrapa o mata en sueños, es indicativo de que se quitará de encima a personas que le son molestas, las evadirá de manera muy sigilosa y no lo molestarán más. Cuide su entorno, no socialice con gente que sea negativa o que siempre esté hablando de problemas.

Muerte

Para muchos estudiosos de lo onírico, este sueño es sinónimo de malos augurios. Varios textos que interpretan los sueños advierten que soñar con cadáveres, muertos o muerte significa que se tendrán malas noticias y diversas dificultades. Aseguran también que el soñante que vea cadáveres, entrará en un estado severamente depresivo —sino es que ya lo está— al momento de soñarlo. También puede referirse a que usted o alguna persona cercana sufra alguna enfermedad. Si usted se ve a sí mismo como cadáver, muerto o en su féretro, significa que su vida está por cambiar; tendrá una larga vida, pero tendrá que cerrar círculos, concluir asuntos y concretar actividades.

Muro

Si en sueños usted se encuentra ante un muro y no puede pasar hacia ningún lado, es porque en su vida, en corto tiempo, se le presentarán algunas dificultades que tendrá que vencer. Si ve que se derrumba un muro o varios, será debido a que tendrá algunas decepciones y tristezas que lo asaltarán inminentemente. Si se ve protegido por varios muros, es que recibirá apoyo de las personas que se encuentran a su alrededor. Tendrá compañía y ayuda.

Museo

Si sueña que está en un museo y ve algo en especial, es porque conocerá nuevas amistades, mismas que le beneficiarán en su quehacer personal y profesional. Si tiene un negocio, cerrará grandes cosas con ellas. Asimismo, este sueño se refiere a que el soñante desarrollará nuevas tareas, probablemente estudie cosas novedosas que lo llevarán a sentirse más pleno y con más desarrollo en su vida.

Música

Si en sueños está escuchando música suave, tranquila y de ritmo alegre, indica que, si tenía preocupaciones por algunos problemas que lo venían aquejando, éstos se resolverán en breve y volverá a su vida la paz y la serenidad. Si, por el contrario, escucha música fuerte y triste, es porque en su vida existen varias contrariedades que lo llenan de desconcierto y angustia. Deberá resolver sus conflictos para salir adelante con éxito.

Nacimiento

Si en el sueño el soñante se entera de algún nacimiento, es sinónimo de que sus relaciones interpersonales se verán fortalecidas y tendrán buena fortuna. También es señal de que vendrán buenas noticias e incluso que vivirá grandes momentos de felicidad en su vida. Asimismo, es indicativo de que concretará metas que venía persiguiendo desde hace tiempo. Verá su vida rodeada de éxito y fortuna, y la buena suerte le acompañará durante cierto tiempo.

Nadar

Este sueño, según algunos terapeutas que se dedican a la interpretación de los sueños, es muy frecuente, e incluso se considera normal. Por ello, si usted se sueña nadando en algún lugar tranquilo, es porque se solucionarán problemas que habían estado dándole ciertas molestias. Si usted sueña que se encuentra en el mar y que por alguna circunstancia no puede regresar a la costa, es porque se le avecina algún tipo de peligro en su vida, por lo que deberá conducirse de manera correcta y honesta. Asimismo, si sueña que está aprendiendo a nadar, es porque usted es una persona dependiente de los demás, y se le sugiere que actúe de manera más independiente.

Naranjas

En dos libros anglosajones, las naranjas aparecen como los placeres del soñante. Este sueño simboliza que se encuentra ante algunas cuestiones que le aquejan, y su subconsciente le está pidiendo tranquilidad y paz. Por otra parte, si se sueña bebiendo un vaso de jugo de naranja, es porque se verá, en breve, envuelto en una relación de pareja que será armoniosa y duradera.

Nariz

Varios textos de interpretación onírica dicen que, si en sueños ve una nariz bonita y de buen tamaño, es porque el soñante posee mucha confianza en sí mismo. Soñar con una nariz chica, es porque el soñante siempre se ve envuelto en contrariedades y fallas. Ver una nariz con fractura o sangre augura que el soñante sorteará un periodo de escasez económica y mala suerte en general. Una nariz aguileña denota infidelidad. Cuando en sueños descubre una gran nariz, es indicativo de que usted es una persona muy activa sexualmente.

Niebla

Si usted sueña con niebla, es porque pasará por un periodo de contrariedades y molestias. Reorientará su vida hacia un camino más positivo. Si ve cómo la niebla se levanta en el camino, será debido a que usted triunfará en todo lo que emprenda y sus metas se verán culminadas. Gozará de mucho éxito en su vida y, si tenía una mala racha, ésta cambiará por completo.

Niños

Son varios los significados e interpretaciones que los diferentes textos le dan a los sueños con niños, pues se asegura que es augurio de alegría y tranquilidad con la familia. Contrariamente, si en sus sueños aparecen niños enfermos, peleando o llorando, significa que en fechas próximas usted se enfrentará con algunos problemas en su hogar y en su familia. Deberá poner mucho interés en lo que a su familia cercana se refiere. Evite discutir.

Noticias

Si en sueños usted recibe noticias, es porque recibirá buenas nuevas de diversos acontecimientos que ocurrirán en su vida. Algunas de ellas serán sobresalientes y de gran envergadura, y las tendrá que poner en marcha si así se requiere. En gran medida, el significado dependerá del contexto. Un terapeuta catalán asegura que es importante recordar si las noticias eran positivas o negativas en sus sueños, para darles una interpretación más específica.

Nubes

Dependerá mucho de cómo vislumbre las nubes en sus sueños; si éstas son de gran volumen, es porque vivirá situaciones positivas en su vida; las circunstancias por las que atraviese lo favorecerán. Si las ve blancas y muy ligeras, es porque sentirá alegría y tranquilidad. Si las ve oscuras o grises, indica que se encontrará con algunos baches que tendrá que resolver.

Números

Para dos terapeutas actuales, soñar con números depende mucho del contexto en el que se encuentre el soñante. Si sueña con varios números, trate de recordarlos y anotarlos, pues, si lo desea, puede aprovecharlos para probar suerte. Para un texto anglosajón, soñar con números señala que el soñante recibirá buenas nuevas.

Nupcias (ver boda).

Oasis

Si usted se sueña en un oasis, es debido a que se encuentra en situaciones de gran prosperidad y alegría en su vida, y está transitando por un periodo de tranquilidad y buenaventura. Posiblemente realice un viaje a algún país lejano. Si, por el contrario, ve en sus sueños un oasis pero no llega a él, es señal de que se presentarán momentos desagradables que lo aquejarán durante algún tiempo.

Obras

Cuando en sueños vislumbra obras, edificios en construcción, casas o cualquier proyecto, será debido a que usted puede correr el riesgo de que sus metas y logros no se cristalicen. Si usted es quien realiza obras de cualquier tipo en su hogar, será porque en su vida ocurrirá una serie de contrariedades y molestias que obstacularizarán el desarrollo de sus proyectos y objetivos. Trate de pensar de manera positiva e incluya cambios provechosos en su vida.

Obstáculos

Según un psicoterapeuta moderno, los obstáculos en sueños simbolizan dificultades que tendrá que sortear, problemas que lo rodean y que evitan que encuentre soluciones. Si se ve saltando obstáculos, empieza a ver con claridad su vida y ya no se le presentan tantos problemas: significa que evolucionará poco a poco. Algunas metas se cristalizarán aunque implicará una ardua labor.

Odio

Si en sueños usted siente mucho odio en contra de alguna persona, es indicativo de que tiene una mala racha en sus negocios o de que en su profesión no le va del todo bien. Si el odio es contra usted, y así lo percibe en sus sueños, simboliza que debe estar alerta de los celos y dificultades que encontrará alrededor suyo. Tratarán de molestarlo y desequilibrar su estado actual. Trate de mantenerse al margen de cualquier comentario que le hagan.

Ojos

Cuando usted sueña que tiene una vista excelente, es que se encuentra en un momento muy estable y feliz de su vida. Si se percibe ciego en el sueño, es porque tendrá que resolver algunos problemas y rencillas. Si los ve con ojeras o con manchas, es señal de que ha estado peleando y discutiendo, y se encuentra muy fatigado o desgastado. Si ve unos ojos heridos en sus sueños, simboliza que deberá actuar con sigilo en su negocio o profesión. Si descubre en sus sueños unos ojos hermosos y cristalinos, es porque tendrá mucha tranquilidad y alegría en su vida.

Olas

Ver en sueños olas marinas grandes, señala que en su hogar se respira tranquilidad y quietud. Su vida se ve colmada por placeres y entusiasmo. Si son espumosas y con mucho movimiento, se encontrará con contrariedades en un periodo corto de tiempo. Si sueña con ser llevado por las olas, simboliza que deberá enfrentar diversos acontecimientos en su vida; no todos ellos serán agradables, por lo que se le advierte que esté alerta.

Ombligo

Si sueña con ver o tocar un ombligo, es porque posiblemente tendrá algunas dudas en su vida, se cuestionará muchas de sus vivencias y tendrá contrariedades. Para algunos estudiosos de lo onírico significa suerte, nuevos proyectos y cristalización de logros. No necesariamente es algo negativo, pues dependerá mucho del contexto del sueño; augura noticias y cambios de vida, por lo que tendrá que estar al pendiente de todo lo que gira a su alrededor.

Ópera

Cuando se sueña asistiendo a alguna función de ópera, es debido a que en su vida ha realizado diversos logros de los que se siente orgulloso y pleno. Destacará por las actividades que realice y sus proyectos serán aplaudidos por sus superiores. Vivirá momentos de felicidad y orgullo. Diversos acontecimientos positivos están por ocurrirle. Manténgase muy alerta.

Operación

Soñar con operaciones, cirugías y todo lo que tenga que ver con intervenciones quirúrgicas se relaciona con el acontecer y desarrollo de la vida diaria. Muchos estudiosos de lo onírico han llegado a esa conclusión, pues no se refiere tanto a su estado de salud. Si se sueña estando presente en alguna operación, ya sea que lo operan a usted o a alguien más, será debido a que tendrá que mantenerse alerta en su negocio o profesión, pues algo podría cambiar. Se habla también de reestructuras en la vida del soñante.

Orgía

Existe mucha literatura, películas y cuentos que hablan de las orgías. Si usted sueña que participa en una orgía, simboliza que no debe llevar sus deseos de un extremo a otro; es decir, si usted reprime sus deseos sexuales de algún modo, no le estará siendo muy beneficioso; igualmente, si vive su vida con mucha promiscuidad, la advertencia es que se maneje con una actitud más precautoria.

Orina

Si en sueños se ve orinando o sueña con algo relativo a la orina, es porque su vida actual se encuentra envuelta en la monotonía y el aburrimiento; trate de realizar actividades diferentes de las que está realizando. Puede también tratarse de posibles problemas en su salud, por lo que tendrá que atenderse. Pasará por largos periodos de preocupación, melancolía y tristeza. Trate de orientarse hacia un mejor rumbo. Los sueños con orina tienen que ver un poco con la sexualidad y virilidad del soñante; no se está poniendo en tela de juicio, el argumento es que se relacionan con su potencia sexual, artes amatorias y seducción en general.

Oscuridad

Si se encuentra en un lugar oscuro y deprimente, será debido a que está pasando por momentos de grandes tristezas y angustia; tendrá posibles problemas en su acontecer diario. Trate de pensar más positivamente y de que no lo embargue la melancolía. Si sueña con un lugar oscuro pero tranquilo, e incluso en su sueño no le molesta la oscuridad sino que hasta le provoca cierta tranquilidad, es señal de que usted está dejando atrás un periodo de pesares e incertidumbres.

Oso

Soñar que ve un oso, del tamaño o color que sea y en cualquier lugar, es señal de que alrededor suyo hay a una persona que desea hacerle algún tipo de daño. Esta persona es fuerte y con grandes habilidades que podrían perjudicarlo. Deberá mantenerse alerta ante cualquier acontecimiento que perciba extraño a su alrededor.

Oveja

Soñar con estos animales augura cosas positivas y de buenaventura. Sus circunstancias mejorarán notablemente. Su situación económica y financiera será inmejorable y en su hogar las cosas marcharán de maravilla. Si la ve pastando, es porque recibirá un bono o gratificación extra en su trabajo, o cerrará un nuevo negocio. Si ve una oveja enferma, es señal de que podría presentarse una mala racha en su vida, más aún si la vislumbra muerta.

Padre

La figura paterna es un simbolismo poderoso en el mundo de los sueños. Existe consenso acerca de que ver al padre en el mundo onírico —ya sea que viva o haya fallecido—, significa que existe un problema por el que hay que pedir un consejo. Los significados, sin embargo, pueden variar si el que sueña es el hombre o la mujer. En el primer caso, habla de que se tienen problemas laborales; en el segundo, que puede existir infidelidad por parte de la pareja. Por su parte, algunos astrólogos europeos dicen que ver en sueños a un padre moribundo implica problemas laborales.

Palmeras

¿Usted ha soñado con palmeras e islas tropicales? Eso significa que quiere un cambio y tiene sed de encontrar nuevas experiencias en su vida. Se dice que, si una mujer se sueña en un camino con palmeras, tendrá buenaventura en el amor. En un país como Francia, donde no se da este tipo de árbol, implica que se va a alcanzar una mejor posición social. Estas interpretaciones son opuestas a las que encontramos en el Reino Unido, donde es presagio de una desilusión.

Palomas

La paloma encierra un simbolismo hermoso en el mundo de los sueños. Desde la antigua Roma se decía que ver a este alado animal significaba que se recibiría un mensaje importante. Las palomas blancas, por su parte, implican felicidad en el entorno familiar y, si se les ve en grupo, es augurio de que hay buenas perspectivas para iniciar una relación amorosa. Alimentar palomas es símbolo de que se tiene un problema económico, pero que se resolverá de manera rápida.

Pañuelo

El pañuelo está relacionado con el amor. En general, significa que se está viviendo un momento de coqueteos y romances. Pero un pañuelo puede soñarse de muchas maneras. Si está rasgado, hay que tener cuidado y revisar la relación con su pareja pues pueden existir problemas en los que usted no ha reparado. En cambio, si sueña que lo ha extraviado, implica un compromiso roto. Y aunque no es común que se sueñe un pañuelo ensangrentado, esto implicaría una disputa familiar que hay que evitar. En algunos países europeos se tienen registros de que, si una joven sueña que agita un pañuelo, quiere decir que tendrá una aventura amorosa que le traerá problemas.

Paquete

Se ha registrado un sueño en el cual al soñante le entregan un paquete o lo encuentra en la calle. Sobre esto, los actuales estudiosos de los sueños no se ponen de acuerdo. Astrólogos estadounidenses opinan que el paquete es el presagio de que se recibirá dinero; en cambio, los europeos señalan que es un simbolismo que le advierte que alguien intentará culparlo de los problemas que otros padecen.

Paraguas

El paraguas es un símbolo que ha sido interpretado de diversas maneras. Entre las más importantes, tenemos éstas: La milenaria cultura china dice que soñar con un paraguas abierto es augurio de placer y prosperidad por venir; en España, en cambio, es una advertencia de problemas. Un paraguas roto, rasgado o maltrecho implica habladurías por parte de personas cercanas. En lo que sí existe consenso, entre los estudiosos del mundo de los sueños, es en que un paraguas abierto dentro de un lugar cerrado es presagio de dificultades.

Parálisis

Quizá éste sea, junto con el sueño de querer correr rápido y no poder hacerlo, una de las aventuras oníricas en las que más coincide el hombre moderno. La influencia de diversas teorías psicoanalíticas ha sido de gran ayuda para quienes se dedican a interpretar los sueños. Éstos han encontrado que la sensación de estar paralizado implica una inhibición sexual que se debe resolver para evitar una sensación psicológica de impotencia o frigidez sexual. Recientemente se encontró que quedar paralizado en un sueño puede implicar algún asunto moral en el que está implicada una persona del sexo opuesto y que urge resolver.

Parque

¿Recuerda usted ese parque que soñó alguna vez? Esto significa que pasaba por un momento de inmensa alegría y armonía. Si estaba usted acompañado, específicamente por la persona amada, era presagio de un matrimonio feliz. Astrólogos británicos tienen una interpretación más profunda y dicen que es un simbolismo para que usted se relaje y disfrute de las pequeñas alegrías que da la vida. Pero ¿qué pasa si alguna vez usted sueña con un parque sin el pasto cortado, sucio y descuidado? Esto significa, sobre todo para los estudiosos latinoamericanos, que hay soledad en su vida.

Parrillada

Estar en una parrillada tiene dos interpretaciones: si simplemente se está viviendo un buen momento, o si se ve preparando alimento en ella. En el primer caso, implica tiempos felices; en el segundo, que recibirá alguna visita en su casa. Y si hay señal de lluvia en el ambiente, puede representar un mal negocio, o bien que en su profesión las cosas no le saldrán como espera; deberá tener paciencia y esperanza.

Pasillo

Según algunos estudiosos, los pasillos son recurrentes en los sueños. Si éste es largo, sinuoso y cuidado, es símbolo de dificultades. Si es largo y alto, con hermosas decoraciones, encontrará una salida favorable. Si mientras camina por el pasillo reconoce a alguien, debe estar alerta ya que se podría encontrar con un supuesto amigo que le puede dar malos consejos.

Pasto

Ese pasto verde, bien cuidado, que quizá alguna vez ha visto en sueños, significa que tiene buena fortuna en el amor y el dinero. Un pasto marchito y seco implica que tiene múltiples tareas pendientes, por lo que tiene que poner manos a la obra. No deje para mañana lo que puede hacer hoy, es lo que parece decir este sueño. El pasto crecido es símbolo de enfermedad y malas noticias. Según algunas referencias bibliográficas, si usted sueña que come pasto, significa que tiene fantasías sexuales reprimidas.

Pelea

Según dos estudiosos europeos, las peleas, en sueños, pueden referirse a que usted participa en una riña o en algún enfrentamiento con armas. Si es así, significa que está empezando a vivir un momento de cambio en su vida y que no debe flaquear hasta llegar a las últimas consecuencias. Participar o ver una pelea también implica prosperidad en los negocios.

Hasta hace pocos años, se creía que, si un hombre soñaba que otras personas se golpeaban, era presagio de un futuro derroche de tiempo y dinero; pero si una mujer soñaba que su esposo participaba en un combate, indicaba que éste no valía la pena. En tanto, existen referencias que indican que soñar que se pierde una pelea es augurio de obstáculos en los romances.

Peligro

El mundo inconsciente de los sueños es caprichoso. Recordemos que soñar con algo, usualmente puede ser profecía de lo opuesto. Es decir, si se sueña que se perderá una competencia de destreza mental o física, implica totalmente lo contrario; esto es, que saldrá airoso en alguna empresa por realizar. Eso mismo sucede cuando se sueña una situación de peligro. El sueño querrá decir que habrá éxito en alguna coyuntura difícil por la que se está pasando, pero tendrá que sortear dificultades.

Pene

Mujeres y hombres pueden soñar el órgano reproductor masculino. Si la mujer lo sueña constantemente, quiere decir que no está satisfecha sexualmente. Cuando el hombre sueña que observa su propio pene, quiere decir que su vida sexual es satisfactoria, pero si lo sueña deforme es una advertencia contra los excesos. Otra variante en este sueño es que, si el hombre muestra su pene en público, hay una frustración en la relación sexual con su pareja.

Perder

Soñar que uno se extravía implica lo contrario; es decir, puede anunciar el reencuentro con una persona querida, o incluso encontrarse con uno mismo. Para los latinos, perder un objeto, como una joya, significa que se tendrá una próxima bonanza económica. Pero si lo que se pierde es un niño, presagia problemas familiares. Por ello, este sueño anuncia que deberá estar alerta ante cualquier acontecimiento novedoso que se le presente.

Perfume

Oler en un sueño puede resultar una experiencia placentera; claro está, si lo que se huele es un aroma hermoso y delicado. Los árabes señalan que oler una fragancia exquisita es símbolo de felicidad presente. En Francia, cuna del perfume, se cree que oler una fragancia es el indicio de que se va a vivir un nuevo romance. Pero si en su sueño se cae y derrama un perfume, entonces estaríamos hablando de que se está viviendo la pérdida del ser querido y de que hay que hacer algo para conservarlo.

Pereza

Aunque soñarse perezoso no tiene grandes implicaciones positivas ni negativas, puede implicar dificultades en empresas que se quieran realizar. En algunos libros dice que significa desacuerdos familiares. También puede hacer referencia a un proceso de estancamiento en la vida del que hay que salir. Trate de pensar de manera más positiva en todo lo que realice.

Periódicos

Un poderoso símbolo son los periódicos. Para los europeos es un presagio de viajes y eventos favorables. Un texto español habla de que soñar con una persona del sexo opuesto que compra un periódico, es indicio de que habrá un próximo romance. Por otra parte, si se lee el nombre de alguien o el propio en un periódico, es augurio de que se tendrá un momento de fortuna.

Perro

Existen diversas interpretaciones acerca del significado de soñar con estos animales, pero se trata de un símbolo de buen augurio. Ver canes blancos o de color claro quiere decir que usted conserva buenas relaciones con su familia y amigos. Si en el sueño dos perros se cruzan, significa que están por satisfacerse sus necesidades emocionales y sexuales. Por su parte, ver perros oscuros o ladrando representa problemas con los seres queridos.

Pesadilla

Hay quienes viven tan intensamente sus sueños que pueden tener pesadillas. Es decir, cualquiera de los puntos tratados en este diccionario puede producir el llamado mal sueño.

Diversos expertos señalan que estas pesadillas son originadas por asuntos que no andan bien en la vida del soñador o por motivos de salud. Los estudios que tienen influencia de teorías psicológicas señalan que una pesadilla es resultado de problemas emocionales reprimidos y que explotan a través de los sueños. Si éste es el caso, se debe recurrir a ayuda psicológica.

Piano

Escuchar un piano bien entonado es un presagio de que vienen momentos felices y de prosperidad. Pero si el piano se escucha desentonado, es sinónimo de insatisfacción y desilusión. Si la música es triste, puede ser indicio de que se recibirán malas noticias. Una interpretación interesante es la que hacen algunos expertos en América Latina, quienes afirman que si son parientes o amigos los que ejecutan una melodía, puede ser un augurio de lamentables discusiones.

Piel

La piel, el órgano más extenso del cuerpo, guarda un simbolismo especial en el mundo de los sueños. Existe un consenso de que este órgano está relacionado con cuestiones de salud. Por ejemplo, si usted sueña una piel pálida o percudida, quiere decir que puede tener problemas de salud. Al contrario, si lo que usted ve es una piel tersa, es augurio de buena salud. Los especialistas actuales consideran que, desde hace por lo menos un siglo, soñar que uno se lava la piel ya no es presagio de muerte, como lo interpretaban los astrólogos antiguos.

Piernas

Las piernas tienen un hondo simbolismo en el mundo onírico. Las interpretaciones más socorridas son las siguientes: si usted es mujer y sueña que sus propias piernas son hermosas y torneadas, quiere decir que realizará un viaje; en cambio, si las ve descuidadas y velludas, significa que dominará a su pareja. Si usted es hombre y sueña unas bellas piernas femeninas, entonces tiene que estar atento, ya que hay un romance en puerta.

Pies

Soñar con pies es más común de lo que uno se pudiera imaginar. Si está usted dormido y empieza a soñar que tiene comezón en los pies, agradézcalo, pues es augurio de viajes placenteros. Si sus pies están fríos, es predicción de que su pareja está por desilusionarlo. Vale la pena mencionar que, en tiempos remotos, tener una visión onírica de pies desnudos implicaba momentos de intimidad con la persona amada; y si veía a alguien lavarse los pies, significaba que estaba por resolver una dificultad en su vida.

Pinturas

Quizá alguna vez haya visto pinturas en sueños, es decir, obras de arte. Si esto le ha pasado alguna vez, o le llega a suceder, quiere decir que usted es una persona con ambiciones desbordadas. Otras interpretaciones refieren que usted vive un momento de mucha alegría y placer. En algunos países europeos se consideraba que soñar cuadros de personas desnudas era señal de que se estaba comportado de manera inmoral. Otras interpretaciones de aquella época consideraban que soñar diversos tipos de óleos era augurio de buena suerte.

Planetas

Los principales libros clásicos de ciencia ficción han tenido su origen en los sueños; particularmente los que tienen que ver con lo que se desarrolla en otros planetas. En general, este tipo de invocaciones oníricas sugieren viajes largos. Sin embargo, las investigaciones modernas indican que son símbolos de conflictos internos que requieren de una solución rápida. Este sueño augura que deberá estar alerta en próximos viajes.

Plantas

Como sucede con otros simbolismos, la planta tiene dos vertientes de interpretación, dependiendo de si las plantas son frondosas o marchitas. En el primer caso, estamos ante un augurio de proyectos que tendrán éxito; en el segundo, de que existen problemas en puerta. Hay tradiciones que refieren que soñar con plantas es presagio de una racha de buena suerte financiera; y si usted riega una planta, es indicio de que un nuevo miembro de su familia viene en camino.

Playa

Es importante mencionar que, para toda interpretación de sueños, deben tomarse en cuenta todos los simbolismos de lo que aparece en ellos. Una playa puede ser símbolo de relajación, aunque también de cambios violentos en la vida. La clave está en interpretar todos los símbolos disponibles. Es importante mencionar que, según tradiciones europeas, soñar que se camina a solas por la playa puede significar que pronto necesitará de ayuda económica.

Policías

El mundo onírico es caprichoso. Invocar a un policía a la hora de dormir puede simbolizar seguridad. Incluso verse arrestado puede implicar que una persona desconocida le ayudará a resolver un problema. Otras tradiciones mencionan que un policía puede ser presagio de una mala racha en los negocios; aunque investigaciones estadounidenses refieren que simboliza que se vive en una fastidiosa rutina de la que se debe salir con prontitud.

Portón

En un sueño, un portón es un símbolo contradictorio. Si éste se abre, puede implicar que viene una racha de buena suerte, aunque otras interpretaciones indican que vienen malas noticias. En muchas partes de Europa, un portón cerrado es símbolo de problemas infranqueables, pero para algunas culturas orientales significa gran éxito en los negocios. En lo que coinciden es en que un portón puede representar que se está viviendo un momento de indeterminación sobre el que se debe meditar para arrojar certezas en la vida.

Precipicio

Caer en un precipicio es un sueño clásico en el mundo onírico. En una primera interpretación, implica que están por llegar problemas, ya sea económicos o amorosas. Por otro lado, el precipicio refleja que el soñante está pasando por un momento de inseguridad y falta de determinación. Si está usted en este caso, medite sobre sus problemas y trate de solucionarlos; recuerde que siempre debe actuar de manera más positiva pues ésta es la advertencia de este sueño.

Prestar

Prestar dinero implica lo contrario en el mundo de los sueños; es decir, que usted tiene problemas financieros y que pronto pedirá dinero prestado. Por otra parte, si usted presta alguna prenda o artículos del hogar, augura problemas en la familia. Estudios recientes han incluido una variante que se ha vuelto muy común en la interpretación de los sueños, que es el prestar un auto; si éste es su caso, significa que en el fondo desea un cambio de ambiente en su vida.

Príncipe

Quizá ésta sea la parte esperada por las damas. ¿Qué significa soñar con un príncipe azul? En general, implica que vendrá un cambio en la vida o que está por recibir un regalo. En la antigüedad, tener una audiencia con un príncipe significaba tener éxito tanto en los negocios como en el trabajo. Investigadores de los sueños consideran que un príncipe puede ser símbolo de un vacío emocional, por lo que se debe estar abierto a conocer a nuevas personas.

Prisionero

Verse prisionero en sueños, en una cárcel, en un calabozo, o simplemente encerrado en una habitación, es un augurio de que alguien podría traicionarlo. También podría ser manifestación de que usted vive un matrimonio desdichado. Otras tradiciones consideran que, si quien se sueña en una prisión es una mujer, significa que tiene un romance prohibido que podría traerle consecuencias desagradables.

Prostituta

Si en su sueño se entromete una mujer del oficio más antiguo del mundo, hay que tener cuidado pues estamos hablando de que tiene que prevenir pues la ruina podría estar acechándolo. Esta interpretación ha subsistido desde épocas remotas, en que era sinónimo de enfermedad y pobreza. Antes se decía que, si un hombre soñaba con una prostituta, significaba temor a la impotencia sexual. Ahora, si el hombre es el que se prostituye, es una advertencia de que una mujer está por traicionarlo. Pasar la noche con una trabajadora sexual podría ser augurio de que enfrentará una mala racha en los negocios o en su trabajo.

Puente

¿Recuerda aquel puente por el que ha caminado en sueños, y que, por más que anda, se vuelve interminable? Lo que le ha querido decir Morfeo es que tiene que prepararse ante pérdidas o problemas futuros. Los alemanes comentan que si el puente está en mal estado, o en construcción, quiere decir que debe estar alerta ante falsas promesas de personas cercanas. Los franceses le dan a este sueño una implicación romántica: aseguran que el puente indica que la relación amorosa que acaba de iniciar no tendrá un final feliz.

Puertas

Éste es otro simbolismo muy socorrido en el mundo de los sueños. Una puerta abierta —y más si del otro lado hay una vista agradable— quiere decir que sus metas a corto plazo tendrán un buen término. Las puertas cerradas, o que no se pueden abrir, son símbolo de frustración, aunque hay otras tradiciones que indican que son signo de vida larga y felicidad. Pero ¿qué pasa si sueña que una puerta se cierra de golpe? Según algunos astrólogos, estaríamos hablando de que debe tener cuidado con las apuestas. Soñar con varias puertas indica que tiene un dilema por resolver, y que cualquier decisión que tome será la acertada.

Puntapié

Duerme profundamente y recibe un puntapié de su pareja. Esto puede transformarse en un sueño en donde alguna persona le da una patada. Pero si duerme solo y sueña que recibe una patada, es presagio de problemas laborales. En cambio, si el que sueña es el que da la patada, puede ser augurio de que recibirá dinero en un corto plazo.

Queso

¿Ha comido un pedazo de queso en un sueño? Significa que usted es una persona sana, feliz, o que está por vivir una satisfactoria relación amorosa. En algunos países europeos, donde se producen los mejores quesos del mundo, se considera que soñarlos es símbolo de que al soñante sólo le gustan las cosas finas. Significa riqueza y buenaventura en su vida.

Quiebra

Si usted se sueña en quiebra, es porque en su vida experimenta dificultades para que su situación actual mejore. Este sueño le augura una mejoría notable en su economía; probablemente realice algunos negocios que le traerán buenas ganancias, vislumbrará mensajes de cambios positivos en su vida; esto ocurrirá en poco tiempo.

Quiosco

Cuando en sueños usted se vislumbra en un quiosco, es que su vida se encuentra en un periodo de quietud y tranquilidad; no habrá problemas y pasará momentos de felicidad y buenaventura. Posiblemente conozca nuevas personas que le alegraran más y también le servirán de apoyo para emprender un posible negocio. Soñar con este concepto es algo positivo en su vida.

Ranas

Las ranas son augurio de buena fortuna, tanto en los aspectos materiales como en los amorosos. Claro que hay almanaques antiguos que señalan que soñar ranas en pantanos era indicio de problemas de salud, pero en general es un signo positivo. Una tradición estadounidense señala que una mujer que sueña con un sapo pronto se casará con un hombre de alta solvencia económica; aunque soñarlos nadando es augurio de que se recibirá dinero de regalo, también se dice que son presagio de que se conocerán nuevos amigos.

Ratas

En épocas muy antiguas, las ratas simbolizaban peligro y enfermedad. Pero estudios más recientes refieren que son presagios de habladurías por parte de los vecinos. Matar una rata significa triunfo ante los enemigos. Estudios posteriores le han dado un significado de actos sexuales desagradables o que anuncian una violación. También simbolizan suciedad, enfermedades y situaciones negativas.

Ratones

Un hombre que sueña con un ratón debe tener cuidado con problemas en su trabajo. Si la mujer lo sueña, quiere decir que tiene que poner más atención a las pequeñas cosas de la vida. Ahora, si en su sueño un gato atrapa un ratón, el significado es simple: está a punto de resolver un problema; ahora, si el ratón escapa, tendrá que poner el doble de su empeño para sortear las dificultades. Aunque es un sueño raro, si una mujer sueña que un ratón se mete en su ropa, tiene que cuidarse de hablar de más, pues podría meterse en problemas.

Recámara

Todos los días dormimos pero pocas veces recordamos lo que soñamos. Cuando nos vamos a acostar, generalmente lo hacemos en una habitación. Si usted se sueña en una recámara que no es la suya, es augurio de éxito en los negocios. La mujer que sueña que tiende la cama, ya sea la propia o una extraña, quiere decir que pronto tendrá una nueva ocupación o quizá un amante. Se ha encontrado que las personas que se sueñan con una persona desconocida, dan indicios de que pasan por un momento infeliz con su pareja, o que tienen desconfianza de ella.

Recepción

Está usted en medio de una recepción muy elegante. De pronto, le ocurre a usted algo penoso. Eso implica que pronto podría tener problemas sociales. Pero si es el centro de atención y si todas las miradas se dirigen hacia usted, tiene que cuidar su vanidad: está muy inflada y eso le podría traer problemas en el trabajo.

Regalos

En los sueños hay cabida hasta para los regalos. Si usted sueña que le dan un presente, sobre todo si es al inicio de una relación amorosa, quiere decir que ese romance va a durar muchos años. Hay escritos antiguos provenientes del viejo continente que señalan que soñar que se da un regalo es augurio de una racha de mala suerte. Investigadores latinoamericanos indican, por el contrario, que enviar un regalo es signo de que usted le está causando problemas a alguien.

Regazo

El regazo es símbolo de seguridad, aunque investigadores modernos le han dado connotaciones sexuales. Ellos aducen que si una mujer ve en su regazo algún animal, objeto, o a un hombre recostado, implica pérdida de pudor. Si un hombre se sueña en el regazo de una mujer, significa que está por iniciar un nuevo romance.

Reina

Soñar con reinas no es común en nuestro mundo moderno. Antiguamente se pensaba que ver a una reina en el mundo onírico era un signo de una racha de buena suerte. Pero si la reina era una mujer anciana, implicaba infelicidad futura. En la cultura anglosajona, soñar con una reina es presagio de un desengaño amoroso, por lo que es importante considerar todo el contexto de su sueño.

Relaciones sexuales

Según los estudios de los sueños, tener sexo en ellos es común. Las referencias a esta experiencia eran difíciles de encontrar en escritos antiguos. Investigaciones modernas dan dos interpretaciones opuestas: una relación sexual satisfactoria o una insatisfactoria. Pero soñae a otras parejas en el momento en que realizan la cópula, quiere decir que se tienen carencias emocionales y sexuales.

Rescate

Éste es otro sueño cuya interpretación es contradictoria. Si usted es el rescatado, es presagio de infortunio; pero si usted es el héroe, entonces podría tener problemas financieros o familiares. En la actualidad, soñar con un rescate es un vaticinio de que se avecina un accidente, por lo que debe estar muy atento de su entorno cotidiano. Este sueño es un pronóstico de que algo inesperado puede presentarse en su vida.

Retraso

Para la interpretación de este sueño tomamos como referencia las teorías psicológicas modernas, las cuales dicen que significa que se han estado haciendo promesas que nunca se van a cumplir. En cambio, para los astrólogos antiguos, soñar a una persona que está retrasada es augurio de que se perderá dinero. Si se tiene este sueño, hay que tomar precauciones y cuidados.

Río

Soñar con un río es hermoso. En general, es un símbolo del paso de la vida. Si el afluente es largo y tranquilo, es un presagio de prosperidad y felicidad entre los seres queridos. En cambio, un río sucio o turbulento es una llamada de atención para no tomar riesgos innecesarios o precipitados. Algunos astrólogos latinoamericanos señalan que un río desbordado es augurio de un problema con la ley y, si pesca en él, habrá un cambio de hogar. Asimismo, simboliza soledad y éxito.

Riqueza

¿Usted se ha visto rico y satisfecho en todos los aspectos materiales? Tenga cuidado, pues quiere decir que tiene que proteger mucho su dinero ya que está por llegar una mala racha económica. Soñar a otras personas pudientes indica que algunos amigos están por ayudarle en un problema económico. En general, la riqueza en el mundo de Morfeo es una muestra de aspiraciones insatisfechas por parte del durmiente.

Risa

Ver a alguien que se ríe de uno en un sueño, es símbolo de infortunio. Esta interpretación tiene su origen en viejas referencias bibliográficas europeas, en las cuales se indica que soñar que un enemigo reía era un presagio de enfermedad. Si uno se ríe de otra persona, significa desdicha en el futuro para el que se burla. Si se ve reír a niños, es un augurio de prosperidad económica. Este sueño en general le indica diversas cosas, pero recuerde que reír es benéfico para la salud.

Rival

Si en sueños usted vislumbra un rival, es porque se le presentarán diversos problemas en la vida. Tendrá muchas diferencias con la gente que se encuentra alrededor suyo; deberá tener mucha paciencia y entereza para enfrentar todo lo que suceda. Sorteará celos y envidias en su entorno; manténgase alerta de todo lo que pueda suceder. Si en sueños usted es el rival, triunfará en todo lo que se proponga.

Robo

Una de las interpretaciones más extrañas en el mundo de los sueños es la que se relaciona con el robo. Si es usted el asaltado en la calle, significa, contra lo que uno pudiera imaginarse, éxito en el amor. Pero si usted ve huir a estos ladrones, implica una decepción amorosa. Recientemente, los astrólogos han encontrado que soñar con un robo de dinero es una manera que tiene el inconsciente para indicarle que cuide mejor sus finanzas, pues tal vez usted está gastando más de lo que tiene.

Ropa interior

El significado de la ropa interior depende del tipo de tela que se sueñe. La seda o nylon son símbolo de seguridad en sí mismo; las telas de algodón, en cambio, son augurio de placer sin límites. Si usted estrena en sueños ropa íntima, es presagio de que está por conocer a una persona con la que se involucrará sentimentalmente. Si en su aventura onírica se quita la ropa, significa que está por iniciar cambios en su vida y desea hacer el bien a los demás.

Rosas

El simbolismo de las rosas es muy claro. Soñar que se recolectan significa ventura en el amor; pero si las rosas están marchitas, puede augurar una desilusión por parte de su pareja. Hay coincidencia en las interpretaciones consultadas de que recibir u observar rosas es una señal de que el amor que se siente por alguien es bien correspondido. Sentirá mucha alegría y buenaventura en su vida, y muchas de las cosas que usted desarrolle serán en su beneficio.

Rostro

En los sueños se ven formas, objetos, paisajes. Pero ¿qué pasa con los rostros? Si son de personas conocidas, puede implicar que está por recibir una noticia importante —sin que tenga una connotación buena o mala—. Si los rostros son desconocidos, tenemos las siguientes probabilidades: un rostro sonriente es signo de que se tendrá buena suerte. Una cara con arrugas presagia infelicidad o pérdida de algún ser querido. Si la persona sueña su propio rostro, puede implicar que una relación amorosa está por terminar. Referencias recientes señalan que el rostro del soñante puede augurar un cambio de casa.

Ruedas

Una rueda en movimiento es presagio de éxito y cambio. Esta interpretación persiste desde hace mucho tiempo, cuando se pensaba que este sueño predecía bienaventuranza económica. Usted se verá beneficiado en muchos aspectos; la suerte y la fortuna le sonreirán y todo lo que desarrolle, sus metas y objetivos, se verán cristalizadas de una manera positiva. Tendrá que mantenerse muy alerta para que todo le salga como lo soñó.

Sacerdote

Debe agradecer soñar con un sacerdote pues le indica que tiene familiares, amigos o que incluso una persona desconocida le ayudará ante una dificultad que se avecina. Pero si usted es el sacerdote, quiere decir que estará por recibir noticias desagradables. Este sueño es pronóstico de que, si en su vida se encuentra obrando de manera negativa, es momento de enderezar su camino y de realizar cosas más provechosas.

Sal

Esos granitos diminutos y blancos con los que todos los días se la da sabor a la comida, también tienen cabida en este diccionario de sueños. Invocarlos anuncia éxito y abundancia en las cosas materiales. En tiempos remotos —cuando el comercio de este producto era una actividad económica importante — ser un vendedor de sal significaba que se era una persona emprendedora y con suerte en todas las empresas propuestas. También se pensaba que, si se derramaba sal, habría una racha de mala suerte.

Salarios

Éste es otro caso de significación inversa. Si se recibe un salario, es augurio de que están por engañarlo o que le robarán su dinero. Si usted es el que otorga una remuneración económica por un trabajo realizado, es señal de que vendrán tiempos de bonanza monetaria en su vida. Recientes estudios europeos indican que, si sueña que le dan un aumento de salario, quiere decir que no logrará reconocimiento por un trabajo realizado; en cambio, si es rechazada su petición de aumento de sueldo, es probable que reciba un dinero inesperado.

Saltar

Saltar en sueños tiene que ver, en primer término, con romance. Para los estadounidenses, significa ser inconstante en los asuntos relacionados con el amor. Pero si sueña que tiene una fuerza sobrenatural y que puede superar cualquier altura, entonces es augurio de buenas noticias. Una interpretación que consideramos importante es la que tiene que ver con saltar un charco de agua o bien un pequeño cauce, ya que, según los astrólogos, es advertencia de que se tendrán problemas con los familiares.

Salud

¿Se sueña enfermo? No se preocupe. Es augurio de que le darán próximamente una buena noticia. En cambio, si está usted bien salud o se recupera de una enfermedad, cuide su cuerpo, pues puede ser señal de que hay algún problema en su organismo. Hay interpretaciones que sugieren que recuperar la salud en el mundo de los sueños es una advertencia de que tiene que tener más confianza en las personas que lo rodean. No sea tan escéptico y crea en los demás.

Saludar

El saludo que se da en un sueño es vaticinio de una vida sin complicaciones. Ser la persona que primero extiende la mano es signo de paz mental y seguridad en sí mismo. Pero si otra persona le estrecha la mano, puede estar a punto de verse envuelto en problemas familiares. Pero, ¿qué pasa si ve a dos personas estrecharse las manos? Entonces estaríamos hablando de que su entorno está marcado por personas buenas.

Sangrar

Sí, ver sangre en sueños es augurio de problemas. Una hemorragia es símbolo de mala suerte en las relaciones amorosas; también implica que existen murmuraciones en su entorno que lo harán desesperar hasta perder el buen juicio. Ver prendas ensangrentadas es una advertencia de que debe cuidarse de las envidias de personas cercanas a usted y que pudieran perjudicar su desempeño en el trabajo. Y si usted tiene las manos llenas de sangre, entonces tiene que cuidar su salud pues algo anda mal con su cuerpo. Cuando usted sueñe sangre, abra bien los ojos y evalúe si las cosas en su núcleo familiar marchan por buen camino.

Secreto

Si a usted le dicen un secreto en un sueño, seguramente cuando despierte no recordará nada. Pero eso no es lo importante; lo que vale es que escuchar o decir un secreto es signo de rumores o intrigas que lo meterán en problemas. En la antigüedad se pensaba que, si en sueños le era revelado un secreto, caería sobre el soñante algún castigo divino.

Secuestro

Por desgracia, soñar con un secuestro es común. En general, simboliza la pérdida de bienes materiales o cambio de residencia. Existe consenso en que es una advertencia para fijarnos mejor de las amistades que nos rodean. Una interpretación peculiar es la que dan investigadores norteamericanos, quienes señalan que es un vaticinio de que una mujer cercana está por quedar embarazada.

Sed

La interpretación de estar sediento está relacionada con si se sacia esa necesidad de beber agua o no. Si logra tomar agua en el sueño, quiere decir que tendrá la sabiduría y voluntad suficientes para enfrentar las vicisitudes de la vida. Pero si no lo logra, podría enfrentar diversos problemas. Interpretaciones antiguas indican que, si se bebía toda el agua servida en un vaso, era símbolo de riquezas; pero si esto no se podía, auguraba adversidad en las empresas por realizar.

Selva

Una selva anuncia un romance tormentoso. También puede ser el deseo de querer salir de la monotonía en que se encuentra. En la antigüedad se decía que, si caminaba por la selva y le salían al paso fieras salvajes, era vaticinio de que tendría rivales en el amor. Y si se tenía que batallar con una densa maleza, implicaba que se incrementarían las deudas de dinero.

Sembradíos de maíz

En casi todas las culturas del mundo, particularmente las latinoamericanas, el maíz es un símbolo de fertilidad. Un número considerable de almanaques consideran que el maíz es augurio de prosperidad económica. Y si se come una mazorca, es símbolo de que habrá una relación amorosa en la que podría haber hijos.

Sexo

Las teorías psicoanalíticas interpretan que soñar con relaciones sexuales es un signo de angustia o de represión sexual. Pero los astrólogos consideran que, si se muestran los genitales, puede ser una advertencia de que se están cometiendo excesos a los que hay que poner freno. Algunos símbolos fálicos relacionados con el sexo masculino son las pistolas, palos y herramientas de metal, como martillos o desarmadores. La vagina puede estar simbolizada por cajas, habitaciones y bolsillos. Si en un sueño vemos que hay carencia de los genitales propios o los de otra persona, quiere decir que se busca algún consejo en asuntos de carácter íntimo.

Sobre

Quién lo diría, pero un sobre puede ser presagio de malas noticias en el mundo onírico. Algunas tradiciones europeas consideran que un sobre cerrado es vaticinio de problemas; aunque, si está abierto, las dificultades se resolverán con la debida atención. Recibir una carta generalmente augura buena suerte, pero si usted es de las personas que sueñan con un sobre que contiene otro sobre, quiere decir que la persona amada está por traicionarlo.

Sol

Su majestad el Sol es la promesa de cambios positivos. También es considerado como símbolo de progreso y crecimiento emocional. En la antigüedad, un sol brillante predecía armonía en el hogar, pero un sol oscuro era advertencia de malos tiempos. Un dato interesante es que sólo la cultura árabe no considera al astro rey como un símbolo masculino, sino que también le atribuyen atributos de madre, así que verlo era un signo benéfico para el durmiente.

Sombrero

¿Se ha soñado con un sombrero puesto? Si usted es hombre, quiere decir que habrá buenas noticias en su trabajo; si es mujer, reconocerá en su entorno a nuevos admiradores. La interpretación cambia si en el mundo de Morfeo pierde un sombrero, ya que esto significa que podría ser despedido de su empleo o que quizá experimente problemas sexuales. También se dice que un sombrero grande, o excesivamente adornado, indica que vendrá una racha de prosperidad económica.

Sordera

Si ha perdido el sentido del oído en manos de Morfeo, no se preocupe, no es mal augurio. Todo lo contrario. Implica que vendrán tiempos de bonanza económica; pero si son las personas las que no escuchan lo que usted les dice, significa que está por encontrarles solución a problemas pendientes. Un libro estadounidense señala que perder el oído de manera repentina es augurio de que será promovido en el trabajo.

Talismán

Se debe estar viviendo una coyuntura de cambio en la vida si se sueña con un talismán. Y es que, según las referencias analizadas, simboliza que se está por tomar una importante decisión en un acontecimiento de enorme trascendencia en la vida. Los astrólogos coinciden en que, si usted ve un talismán en un sueño, debe hacer lo posible por recordarlo al despertar, ya que se podría convertir en su amuleto de la buena suerte.

Té

Un caliente y dulce té es símbolo de felicidad, paz y riqueza. Actualmente se considera que ver a personas bebiendo té significa que usted lleva una vida social muy agitada pero poco productiva. El sueño le advierte que se dedique a realizar algunas actividades en donde demuestre su interés hacia otros asuntos más profundos y trascendentales; es importante para usted mismo.

Teatro

¿Va usted al teatro en un sueño? Entonces está viviendo en un mundo de ilusión, por lo que se le sugiere que ponga los pies en la tierra. En la antigüedad, el teatro simbolizaba sociabilidad y nuevos romances. Pero si el teatro era oscuro, entonces era presagio de una vida rutinaria y monótona, por lo que si usted considera que su vida es así, intente realizar cambios en ella.

Techo

Sólo en sueños o en películas de ficción se puede caminar por un techo. El caso es que si usted se ve parado en él quiere decir que está en un momento pleno en su vida y que, con fuerza de voluntad, podrá alcanzar todas sus metas. Pero si no puede sostenerse en el techo, es una advertencia de que el éxito conseguido será efímero. Un techo con goteras indica pérdida de dinero o del apetito sexual.

Tejer

El tejido es símbolo de paz interior. Si la mujer sueña que teje, quiere decir que tiene un hogar tranquilo y lleno de amor. Si es el hombre quien tiene esta aparición onírica, puede que una antigua amiga esté en problemas y haría bien en llamarla. Dicen dos astrólogos anglosajones que, si una mujer sueña que teje, es casi un hecho que contraerá matrimonio de modo precipitado.

Televisión

Para interpretar el significado de soñar con una televisión se debe recordar lo que se ve en el monitor, pues ahí estará la clave del sueño. Pero si lo único que ve es el aparato, quiere decir que es usted una persona influenciable y que siempre necesita de consejos para dar el siguiente paso. Debe ser más autosuficiente a la hora de solucionar sus problemas.

Testamento

El testamento es el típico augurio a la inversa. Redactarlo o leerlo indica buena ventura en sus metas propuestas. Pero si el documento que se lee es ajeno, habrá problemas familiares. Y para los que sueñan que destruyen un testamento, es una advertencia de que alguien los está engañando.

Tierra

Soñar al planeta Tierra, con sus colores y su forma exacta, es una experiencia onírica nueva. Las fotos de la Tierra que podemos disfrutar se deben a la tecnología moderna, y de ahí sacamos este elemento para nuestros sueños. Entre sus principales significados está el de la aventura y un afán por conocer cosas nuevas. Ahora, si lo que se sueña es la tierra, desde el punto de vista de los campos de cultivo, indica felicidad en el hogar en caso de que haya siembra abundante, o desventura, en caso de carecer de ella.

Tinta

Una mancha de tinta aparece en su ropa. Esto indicaría que no es bien correspondido por su pareja. Otras interpretaciones refieren que sería presagio de disputas en el hogar. En la antigua Europa se decía que las manchas de tinta eran para llamar la atención del soñante, con la finalidad de que pusiera fin a comportamientos deshonestos.

Tormentas

Cierto, una tormenta es presagio de un periodo de mala suerte. Si es el hombre quien la sueña, es augurio de que tendrá problemas importantes en su trabajo; si es mujer, que romperá un compromiso matrimonial o de noviazgo. En general, desde épocas remotas, soñar con una tormenta es una advertencia de que habrá amigos que están por traicionarlo. También se dice que, si la tormenta termina antes de abrir los ojos, los problemas que vendrán a su vida serán pasajeros.

Trabajar

Como si uno no tuviera suficiente con la rutina diaria de trabajo, muchas personas sueñan con su empleo. Si esto sucede, quiere decir que tendrá ventura en el hogar. Pero si lo que ve son personas que realizan un trabajo que no les gusta, o si está en una situación de agobio, habrá problemas próximos. Cuídese para no tener conflictos con la gente que se encuentra a su alrededor, tenga paciencia y no conteste comentarios impropios.

Trampa

Considérese afortunado si usted sueña que le hacen trampa en un sueño, ya que es símbolo de buena suerte. Pero si usted es quien hace trampa, quiere decir que corre peligro ante la ley e incluso se habla de que puede tener problemas serios de litigios; deberá tener cuidado de con quién hace amistad, ya que también se habla de traición.

Transbordador (embarcación)

En países latinoamericanos es poco común soñar con un transbordador. Pero aquellos que lo han soñado tienen que tomar en cuenta si el río que van a cruzar es muy largo y ancho, ya que, si es caudaloso, significa que tendrán éxito en un proyecto futuro; si es pequeño, que sus logros podrían ser efímeros. Por otra parte, si ven a muchas personas a bordo del transbordador, estaríamos hablando de que habrá muchas oportunidades amorosas.

Tránsito

Gracias a la inventiva del hombre tenemos tránsito en casi cualquier ciudad importante del mundo. Podemos considerar que soñar con tránsito es signo de infidelidad o pérdida de dinero. Investigadores franceses refieren que un tránsito lento, a paso de tortuga, tendrá como consecuencia que se conocerán nuevas amistades. Sin embargo, investigadores modernos consideran que el tránsito puede sugerir problemas en el hogar, particularmente con los hijos.

Tristeza

La tristeza, en el mundo de la interpretación de los sueños, es una de las primeras señales que arrojaron símbolos a la inversa. Es decir, si se sueña deprimido, quiere decir que viene un periodo de buena suerte a su vida. De hecho, los griegos decían que tras el despertar del soñador habría una alegría duradera. No obstante, los estadounidenses consideran que la tristeza puede ser augurio de problemas en la familia.

Trono

El trono simboliza desilusión, ambición y avaricia. Esto quiere decir que, si uno se ve sentado en un trono en un sueño, tendrá un problema que lo hará perder status social así como amigos. Deberá tener cuidado también con trampas de gente que se encuentra a su alrededor. No confíe mucho en las personas que conoce poco o con quien recientemente haya hecho amistad, pues tratarán de contrariarlo.

Túnel

Soñar con un túnel es augurio de desventura, siempre y cuando no se logre salir de él antes de despertar. Investigaciones recientes encontraron que puede tratarse de una advertencia para parejas, en el sentido de que existen problemas que no se quieren enfrentar pero que existe disponibilidad por parte del soñante para superarlos. Tradiciones europeas indican que soñar con un vehículo que recorre lentamente un túnel es vaticinio de un quebranto en la salud.

Uniforme

Hace muchos siglos, soñar con un uniforme era símbolo de querer alcanzar una posición social más alta. Los investigadores oníricos modernos consideran que es una señal para dejar de ser crédulo ante todo lo que dicen los demas, y formarse una opinión propia. Asimismo, se alerta para que, si usted es de los que confían plenamente en los demás, se mantenga al margen de realizar comentarios que en un futuro puedan dañarlo.

Universidad

Si usted estudió en la universidad, o si nunca asistió a ella y sueña con ser un estudiante, un trabajador, un profesor, o de pronto está en un pasillo o en un salón de clase, es señal de que su vida está siendo exitosa. Pero si en el sueño pasa por un momento incómodo en la universidad, quiere decir que tiene que ser constante para que el esfuerzo que lo ha llevado a la cima no sea en vano.

Uvas

Un viñedo significa abundancia, longevidad y ventura. En los países europeos, donde es común encontrar personas que sueñan que están entre uvas, las interpretaciones coinciden en que están por conseguir muchas comodidades. En Australia, el significado está más por el lado romántico, ya que, si una mujer se ve rodeada de esta rica fruta, quiere decir que le espera un amante apasionado.

Vacaciones

Soñarse de vacaciones es sinónimo de cansancio. Su cuerpo le pide un reposo, aunque un texto español considera que puede ser el símbolo de un deseo oculto de conocer a amistades nuevas. También se habla de que llegarán a usted buenas noticias y un cambio muy positivo en su vida; sus objetivos y metas se verán concretadas.

Vacuna

Este elemento onírico tiene dos interpretaciones. Por un lado, hay quienes consideran que, si un hombre se ve vacunado en el sueño, pronto una mujer lo engañará. En otro sentido, implica que el soñante está perdidamente enamorado o entregado a algo o alguien que no vale la pena. Este sueño también simboliza las relaciones interpersonales hombre-mujer, lo que le indica que posiblemente conozca a alguien con quien sostenga una relación muy placentera y duradera.

Vagina

La vagina en un sueño tiene connotaciones diferentes si la sueñan hombres y mujeres. Para los hombres, ver esta parte íntima de la mujer indica deseos sexuales insatisfechos con su pareja. Las mujeres que se ven con una infección vaginal, pueden tomarlo como un símbolo casi literal de que tienen que revisar su salud. En la antigüedad, una mujer que se veía sin vagina era signo de infertilidad, pero autores modernos consideran que se trata más bien de un problema de índole sexual que debe atender algún psicólogo.

Valle

Ese hermoso valle que a veces se revela en el mundo onírico está lleno de hondos significados. En general, un valle verde y luminoso es un reflejo de que su vida actual está llena de paz, abundancia y alegría. Si de pronto observa a algún niño corriendo o jugando en ese valle, podría ser indicio de que tendrá un aumento de sueldo. El valle es una invitación a que se desarrolle como ser humano y a que explore todas las posibilidades que la vida le ofrece.

Vampiro

Mucho cuidado si sueña con vampiros. Si es atacado por uno, debe analizar los problemas emocionales que tiene, porque quizá esté pasando por una crisis severa y necesita pedir ayuda para salir de ella. Una interpretación menos negativa la encontramos en fuentes británicas, que sostienen que soñar con un vampiro es augurio de que se recibirá dinero. Este sueño le advierte que se mantenga alerta en todo lo que usted realiza.

Vecinos

Ese vecino que tanto le molesta, una noche de pronto se entrometió en su sueño. Si se ve charlando plácidamente con él, implica que ambos tendrán algún problema. También puede sugerir la llegada de una visita inesperada, pero de alguien no grato para usted. El lado positivo del asunto lo encontramos en referencias europeas, que señalan que verse ayudando a un vecino puede augurar que tendrá una racha de beneficios económicos importantes.

Velas

Una vela apagada puede tener una connotación sexual. Si una mujer sueña con ellas, es representación de deseos insatisfechos. Pero si las velas son de colores y están encendidas, indica un futuro con buenaventura. Ver muchas velas encendidas, tanto para hombres como para mujeres, implica que se tiene una relación familiar feliz y con mucha comunicación.

Velo

El velo es representación de inhibiciones, tanto si se ve con uno que le cubra la cara, como si ve a alguien que lo tiene puesto. En cualquier caso, tendrá que dejarse llevar por los placeres terrenales de la vida, soltar amarras y olvidar prejuicios. Algunas interpretaciones antiguas señalaban que una mujer que se soñaba con un velo era porque era infeliz con su marido pero, si se lo quitaba, entonces tenía intención de buscarse un amante.

Veneno

El veneno tiene dos interpretaciones. Si usted es envenena-
do, es vaticinio de que tendrá problemas, pero si es alguien
más quien se lo toma, significa que algunos problemas que
lo aquejan están por solucionarse. El veneno también es signo de que usted pasa por un momento de mucha presión, y
que se están poniendo a prueba sus valores y principios.

Verduras

Aquí las interpretaciones varían. Si sueña con verduras apeti-
tosas, quiere decir que tiene armonía en el hogar. Cosechar-
las indica que están por venir tiempos mejores o que está a
un paso de alcanzar el éxito en alguna empresa propuesta.
Cocinarlas, en cambio, significa que usted tendrá importantes logros materiales en su vida, pero que requerirá de mucha paciencia y esfuerzo para conseguirlos.

Viajar

La interpretación de los viajes depende del tipo de lugar que
uno vea. Sitios hermosos son augurio de una buena racha
económica; si son desagradables, podría indicar que usted
necesita un cambio en su vida. Viajar con personas queridas,
amigos o familiares, es una sugerencia de que usted se acer-
que más a ellas, porque quizá lo ven distante y sea tiempo
de un reencuentro.

Vías de ferrocarril

Observar o caminar en una vía de tren es signo de que le
espera dicha familiar. Habrá viajes y paz con los seres queridos. Se dice que caminar por una vía es augurio de que
tendrá cambios favorables en su vida. En general, una vía

de tren es un símbolo de buena suerte. Este sueño es de buenaventura para el soñante, quien tendrá mucho éxito en todo lo que realice y verá cristalizados sus más preciados y caros anhelos.

Viento

El viento es energía y transformación. Una brisa tenue, que apenas acaricia su piel y mece sus cabellos delicadamente, es augurio de que le darán buenas noticias. Un viento fuerte indica que tendrá un periodo de mucho trabajo que exigirá mucha fuerza de voluntad. Para los chinos, soñar con viento es presagio de cambios y un excelente momento para cambiar de empleo o emprender nuevos proyectos.

Vino

Una botella de vino es signo de que se tiene una vida social alocada. Está relacionada con los excesos, por lo que es una advertencia para serenarse. Si en el sueño la botella se rompe, significa que debe cuidarse de excesos sexuales. En tiempos antiguos, elaborar vino auguraba que se realizarían nuevos negocios; en cambio, si se derramaba, implicaba alguna pelea que acabaría con sangre.

Violación

Si es mujer y sueña que es violada, analice su manera de presentarse ante otras personas. Y es que una violación puede ser indicio de que usted se pone caretas que no le corresponden, lo cual a la larga le podría traer problemas. También puede ser indicio de que una mujer será engañada por su amante, y que sentirá un profundo dolor por ello.

Vírgenes

Si en el sueño se abraza a una virgen, o si se manifiesta la representación de María, significa que vendrán tiempos de gran felicidad. Ahora, desde el punto de vista de una mujer que nunca ha tenido relaciones sexuales, si una dama sueña que pierde la virginidad, es un aviso de que cuide su reputación, sobre todo en su entorno laboral. Si la mujer casada tiene un sueño en que recupera la virginidad, significa que su vida actual es placentera y armoniosa.

Visita

Recibió visitas inesperadas en un sueño, ¿qué significa? Si el visitante es una mujer demacrada, puede ser augurio de una enfermedad de algún miembro de su familia. Pero, si es hombre, quiere decir que tendrá un problema con la ley. Si usted forma parte de los visitantes, se sugiere que revise las amistades que le rodean, ya que muchas de ellas podrían no ser sinceras y sólo lo utilizan para sus propios fines.

Volar

Se dice que alguien que sueña que vuela es signo de una inteligencia desbordada. Es un mito. Según teorías psicológicas clásicas, volar es un sueño con carácter de índole sexual; es el deseo de tener más actividad íntima con la pareja. También implica un anhelo por querer salir de una relación amorosa conflictiva que no le deja nada bueno. Si el sueño de estar en los aires es constante, es indicio de que su voluntad es fuerte y que logrará sus metas con cierta facilidad. Pero si el vuelo es fatigoso, evalúe los objetivos de su vida ya que pueden ser demasiadas irreales; es decir, que no es el momento para poder cumplirlos.

Volcán

Habrá mucha lujuria en su vida si sueña con un volcán humeante o en erupción. Pero tenga cuidado, ya que una relación que tiene podría convertirse en obsesión. El volcán también es símbolo de que a usted o a su pareja les importan poco los sentimientos y que sólo los une la pasión. En el caso de las mujeres, es un vaticinio de que intentarán atrapar a un hombre con los encantos de su cuerpo.

Whisky

Beber un vaso de whisky es presagio de algo negativo en su vida. Puede indicar que usted está por conocer a alguien que será una mala influencia, por lo que tiene que tener los ojos bien abiertos. También es un síntoma de que ha hecho alguna mala acción y la bebida representa su sentimiento de culpa.

Yate

El yate es presagio de que tendrá una racha de buena suerte. Incluso podría tener cosas en exceso. Lo interesante es que el yate es símbolo de que está actuando bien y que las decisiones que ha tomado en su vida son correctas para lograr sus objetivos. Hay que cuidar el lado espiritual, porque el yate es exclusivamente signo de poder y riqueza.

Yegua

La yegua tiene un simbolismo noble en el mundo onírico. Para el hombre, significa que su pareja tiene problemas que no ha querido compartir con usted. Hará bien en acercarse a ella y preguntarle al respecto. Cuando una mujer sueña con una yegua, quiere decir que tendrá problemas en su hogar, particularmente con su madre o hermanas. Pero si galopa sobre este bello animal de una manera armoniosa, el significado es que están por venir tiempos mejores.

Zanahorias

Agradezca soñar con este vegetal, ya que significa que está viviendo un inmejorable momento familiar. Pero ¿qué pasa si la zanahoria está en mal estado? Esto quiere decir que fue culpable de la separación de alguna pareja, por lo que el vegetal es símbolo de la culpa. Ahora, si en el sueño se ve comiéndolas, es augurio de que podría tomar una mala decisión.

Zapatos

¿Cómo eran aquellos zapatos que soñó la última vez? Si eran nuevos, lustrosos, y cómodos, significa que están por venir nuevos romances y logros laborales importantes; también simbolizan seguridad en cuestiones monetarias. En cambio, si eran viejos e incómodos, lo que Morfeo le quiso decir es que estaba por vivir un periodo de problemas económicos. En general, se puede decir que los zapatos son símbolo de ventura o desventura, según sea el estado en el que se encuentren. Si en sus sueños ve botas, ya sea que las trae puestas o que alguien más las usa, es porque todo lo que realice le saldrá tal y como usted lo planeó.

Zafiros

El zafiro está relacionado con la buena suerte, aunque más del lado espiritual que material. Puede implicar que está por iniciar una relación que traerá cosas buenas. Pero ver a otras personas utilizar zafiros refleja en su inconsciente que desea ascender de escala social, pero sin realizar esfuerzo alguno.

Zigzag

Caminar en zigzag en un sueño es augurio de dificultades en su entorno familiar. Asimismo, implica pérdidas o dudas en el sentido que le quiere dar a su vida. Si éste es su caso, evalúe bien sus metas, coméntelas con seres queridos que le ayuden a tomar la decisión más acertada.

Zodiaco

Consultar el zodiaco en un sueño, o ver sus símbolos, puede resultar premonitorio. En caso de que usted lea su horóscopo en sueños, haría bien en recordar lo que se le decía, pues ahí podría encontrar la solución a indecisiones o problemas que tenga. En general, se puede decir que soñar los signos del zodiaco augura una racha de buena suerte.

Zoológico

Visitar un zoológico tiene dos interpretaciones. Por una parte, es el deseo inconsciente de querer salir de la rutina y conocer lugares exóticos; por otro lado, es una señal para que usted escoja mejor sus amistades, ya que muchas de ellas pueden ser una mala influencia en su vida.

Zorro

En tiempos antiguos, soñar con un zorro era algo muy común. En la actualidad ya no es así. Aquellas culturas, sobre todo las europeas, consideraban que soñar con un zorro era una advertencia para cuidarse de las nuevas amistades. Si se cazaba un zorro, implicaba que la persona estaba por iniciar una relación amorosa que habría de tener infortunios.

Bibliografía

- Devivier, Michael y Leonard, Corinne, *El Gran libro de los sueños*, Tikal Ediciones, México, 1999, p. 358.

- Dreambooks (www.dreamstore.uk). Internet, 2005.

- *El Horóscopo de Cuba. El Sí de la suerte: significados,* Glosario Afrocubano, Cuba, 1927, p 187.

- *El libro de oro de los sueños.* Ediciones Martínez Roca. España-México, 1985. p. 327.

- Freud, Sigmund, *La interpretación de los sueños I y II,* obras del pensamiento contemporáneo, Origen/Planeta, Barcelona, 1985. pp. 306 y 688, respectivamente.

- Freud, Sigmund, *Nuevas aportaciones a la interpretación de los sueños,* Alianza Editorial, 1998, México, p. 192.

- Mago Félix, *Cómo interpretar los sueños sobre animales y fieras,* Libros Cúpula, Ediciones Ceac, Barcelona, España, 1992, p. 187.

- Nocolópulos, Thania, *Mágico lenguaje de los sueños,* Centro Editorial Mexicano, México, 1979, p. 281.

- Sun, Soliatan. *El Significado de los sueños,* Biblioteca muy interesante, España-México, 1975, p. 177.

COLECCIÓN ESOTERISMO

Esta edición se imprimió en Noviembre de 2008 Impre Imagen
José María Morelos y Pavón Mz 5 Lt 1 Ecatepec Edo de México.